真诚
SINCERITY

善意
GOODWILL

精致
EXQUISITENESS

完美
PERFECTION

品相 APPEARANCE	品质 QUALITY	品位 SENSE
品牌 BRAND	品行 INTEGRITY	品格 CHARACTER

创造城市的美丽

绿城产品年鉴

2020—2021

绿城中国　编著

同济大学出版社・上海

寄语

GREETINGS

创新是绿城一直以来的内在基因。

我们看到，城市建设和住宅营造没有尽头，伴随人们生活水平的提高，而不断发展。是否有历史文明的积淀，是否触动人的情感，这是房产品能否成为经典作品的关键。

绿城产品研发是经纬交织的过程。人本主义是经线，世界水准则是纬线，围绕不同时期人的需求，研习世界多元优秀建筑的趋势，形成完整的产品经纬认知方法论，打造兼具“颜值、贤惠、聪明”的优秀产品。

这就需要我们立足当下中国和世界的变化，审视未来城市所处的时代背景，不断研究、发现、总结、提炼，集结成册。以此为履痕，也为鉴。

绿城的产品主义之路，要坚定地走下去。

序
PREFACE

绿城是一家坚持产品主义的公司，产品力是绿城的核心竞争力。

产品设计是产品力的源头。绿城以“最懂客户，最懂产品”为战略支点，坚持以品质求发展、以创新求突破，逐渐形成系统全面、科学高效、客户导向的设计体系。

作为产品主义的实践者，绿城始终坚持创新引领。绿城一直以来以人的需求为出发点，通过持续创新来锻造核心竞争力。

在产品谱系基础上，绿城将过去两年的主要产品创新集结成册，形成《创造城市的美丽——绿城产品年鉴2020—2021》，既是对自身产品设计工作的小结，也是向业界同行讨教。

产品品质始终是绿城的“一号工程”。在激烈的行业竞争背景下，绿城将坚守产品品质作为提高生产效率的前提，坚决反对因追求高周转率而影响品质。

以产品品质为牵引，绿城努力做到内外出品相，过程求品质，工作有品位，结果树品牌，队伍讲品行，精神显品格，走“全品质、高质量”发展道路。

张亚东

17

派斯健身
IMAX
HOME 欢迎回家

BLUE
BLUE

1. 杭州凤起潮鸣
2. 杭州凤起潮鸣
3. 西安全运村
4. 杭州湖境云庐
5. 宁波云栖桃花源
6. 舟山如心小镇，小镇中心
7. 舟山如心小镇，柳岸晓风
8. 长沙明月江南

8

前言
FOREWORD

绿城以产品主义立身，产品的生命力源于传承与创新。

2020年01月08日，《创造城市的美丽——绿城产品谱系 1995—2020》一书正式对外发布。全书涵盖了绿城自1995年成立以来，逐渐发展演化出的8大产品系列、22个产品品类、22种建筑风格所对应的经典作品，是绿城对自身产品营造的精华凝结与成果梳理。时隔两年，绿城推出了这本《创造城市的美丽——绿城产品年鉴 2020—2021》。如果说，谱系是绿城对于过去25年在房产品营造上的探索、实践与追求，那么年鉴便是谱系的延续与生长。我们希望将谱系的精神与意义延续下去，同时又通过聚焦更短的时间跨度，着重记录绿城近两年内的一些阶段性工作成果与思考总结，为产品的进一步提升做好准备。

作为房地产开发者，同时依托理想生活营造商的站位，绿城一直投身于中国城乡发展与房产开发行业的前沿，对于城市建设理念、城乡发展政策、土地价值挖掘与房产品开发管理等层面的热点有着天然的敏锐度，也对当下人们的居住需求有着本能的洞察力。因此，这本年鉴试图以客观的视角、理性的分析、专业的记录，完整呈现绿城2020—2021年一些重点项目的规划与建筑设计。

与此同时，年鉴不仅仅是一份回忆留存，更是绿城参与、见证中国城乡建设进程的实证，是绿城的“绿皮书”，是其指向未来的导言。可以说，绿城所开发、打造的房产品，为中国的城市建设和世界建筑的发展都提供了丰富的样本。

实现共同幸福的大同愿景是绿城一直以来的价值追求，绿城也希望邀请更多的专业人士，以及公众参与城乡发展的交流讨论，一起见证绿城的成长，共同促进行业长远发展，携手共建理想生活。

目录
CONTENTS

综述
OVERVIEW

生逢其时：随时间而来的智慧

大地上的居所，乃是一种伟大的庇护。

为生命赋予美好的事物，首先要给生命一个体验感更好的空间。

上有天，下有地，天地之间是人的生活。“人宅相扶，感通天地”，在中国人的文化传统中，房子就是精神与心灵的至上归宿，房子就是千古不变的人文感召。安居方能乐业，有家才有天下。

屋檐下，心安处，正是我们在大地上的理想居所。

绿城人，就是一群想让世界更美好的理想主义者。

由此出发，我们方能理解绿城为何会把“真诚、善意、精致、完美”当作企业核心价值，并努力践行“为员工创造平台、为客户创造价值、为城市创造美丽、为社会创造财富”的使命。

2020年1月8日，《创造城市的美丽——绿城产品谱系 1995—2020》一书正式出版，以此献礼绿城成立25周年。25年，正好一代人，绿城以“谱系”致敬时光，绿城以“产品”重回原点，倡导建筑的尊严，辨识家园的肌理，感知文化的血脉，创造城市的美丽，延续众生的记忆。

2022年，《创造城市的美丽——绿城产品年鉴 2020—2021》一书又将付梓，在“谱系” 25周年之上再添两年时光之功。绿城以“谱系”来系统地整理和总结绿城在房产品上的探索与实践，以“年鉴”来见证当下，我们记录 2020—2021 两年间的产品精进，以此记取绿城向上生长的力量与履痕。

自1995年创立至今，绿城已发展成为拥有上万名员工、总资产规模超5 200亿元、净资产超1 000亿元、行业排名位列TOP10的企业集团。坚持“品质为先”与坚守“产品主义”，从来都是绿城的立身之本与理想大纛。

一直以来，绿城坚持“品质为先”的发展战略，让“六品”理念深入人心：内外出品相，过程求品质，工作有品位，结果树品牌，队伍讲品行，精神显品格。以品质立身，以服务悦人，致力于打造理想生活服务商第一品牌。

不忘初心，绿城坚守“产品主义”的发展标准，不断加大创新研发，坚持并落地品质标杆引领的创新基本面，通过标准化固化产品优势，强化并落地标准化产品传承的品质基本盘。2020—2021年，更是绿城中国迈上新台阶、把握新机遇、开创新局面的关键时期，传统业务外，绿城积极开展特色业务、新兴业务的布局与落地。

绿城对产品品质的坚守，源于人文主义的初心，既源于赋予建筑物灵魂与优雅的不懈追求，也源于“创造城市的美丽”的企业使命，还源于“造房子更要造生活”的深刻认知。

产品永远是绿城的立身之本，我们要将人性感悟与见多识广结合起来，始终搭建以人为本的纵向经线与世界水准的横向纬线，形成完整的产品认知方法论。

绿城产品进化论，追寻的并不只是“人在大地上诗意栖居”的状态，更是“随时间而来的智慧”。

从过去到未来，绿城产品这根“珠链”始终在不断延伸。

更上层楼：望尽天涯路的视野

春天计划：2020年，战略启航

2020 年，非常之年，面对突发的新冠肺炎疫情，绿城中国董事会主席张亚东致信全体绿城人，号召大家积极行动，团结抗疫，并迅速成立疫情防控工作小组，设立专项疫情公益救助基金，用于抗击疫情。

绿城知道，春天并非无由而来，它是春泥护花的共生：百余年前，就有江南“八千卷楼”主人丁氏兄弟散尽家财，收回飘零四处的《四库全书》残卷，保住了一线珍贵文脉；百余年后，绿城捐资出版印刷《文澜阁四库全书》，并在浙江大学 120 周年校庆之际捐赠给浙大图书馆，传续了一脉优雅书香。

此种文化使命，正是绿城改革创新、锐意进取的动力

2020 年，绿城践行品质传承，积极创新落地，落实现场巡查，提升营造水平，完善产品标准化体系，提升开发与运营效率。当年，杭州春风金沙、广州晓风印月、丽水桂语兰庭、义乌晓风印月、无锡宸风云庐等项目创新落地；杭州凤起潮鸣、杭州西溪云庐、奉化长汀云庐等项目交付业主。

此种文化自觉，正是绿城业务转型、开疆拓土的眼光

2020 年，绿城不断拉长产业链、加粗产业束，打造第二增长曲线，在未来社区、康养产业、城市更新等领域取得新突破，累计落地十余个项目，产城融合逐步开辟业务新航道，推进在 13 个省会城市的战略布局。

此种文化赋能，正是绿城持续创新、凝心聚力的关键

2020 年，绿城推动商业资源统筹管理、金融服务持续创新，探索党建工作新模式，建造总部员工食堂，开展员工爱心基金帮扶，积极践行社会责任，以“种春风”为品牌的沙漠绿洲共建行动入选“2020 中国十大地产年度品牌公益案例”，疫情防控卓有成效，获得“大爱浙商抗疫英雄”称号。

此种文化内核，正是绿城谋划未来、志存高远的落点

2020 年，绿城成功完成战略“2025 规划”的制定，发展理念更加清晰，发展基础更加牢固，发展动能更加充沛，发展前景更加广阔，一举达成了销售规模重返行业 TOP10 的里程碑式成就。

刚健婀娜：2021年，向美而生

房子是容器，代表绿城“刚健”的产品力一面。

2021 中国房地产“产品力优秀企业”榜单发布，绿城位列榜单第一，并且连续十年荣获中国城市居民满意度第一。

生活才是全部，代表绿城“婀娜”的生活力一面。

在注重“造房子”的同时，绿城更加关切如何“造生活”。绿城人相信，怀着敬畏之心，脚踏实地去探索和实践，不断深入思考城市和社区的关系、社区和房子的关系、房子和生活的关系，一定能创造城市的美丽。

在房地产调控不断加强的背景下，绿城始终以发展为主线，以战略为驱动，以品质为核心，以改革增动力，以管理创效益，以人才为支撑，以机制为保障，从“特长生”向全面发展的“优等生”转变。

由此出发，绿城把改革、改变、改进作为三个动力

2021 年，绿城加强顶层研究能力，进一步优化创新业务发展的体制机制，坚持“改革、改变、改进”，优化管理体系，夯实风控体系，保障企业稳健发展。在坚守产品品质的同时，绿城持之以恒提升组织品质、队伍品质、经营品质、管理品质，以“战略 2025”赋能企业管理升级，强化企业引领发展的力量。

由此出发，绿城把懂客户、懂产品作为两个支撑

2021 年，绿城成立研发设计中心，形成完善的创新体系，打造扎实的“研发平台”。集团层面，建立起产研结合的引领创新体系；区域层面，建立起紧贴市场的地域性创新体系。“标杆创新”引领行业趋势，“专项创新”匹配客户需求，“属地创新”匹配属地市场，形成提升综合品效的创新体系。

由此出发，绿城优布局、强产业，拓展多维发展空间

2021 年，绿城坚定贯彻“区域聚焦、城市深耕”策略，浙江作为战略大本营地位更加稳固，聚焦五大城市群，持续深耕西安、郑州等国家中心城市、省会城市，城市更新业务取得突破进展，城市综合体、未来社区业务多点开花，小镇及康养业务开展多方合作。

绿城产品：与城市共生的脉络

绿城发展史，
是一部见证城市变迁和行业发展的产品生长史。

绿城始终追随明月桂花的理想，以“创造城市的美丽”为己任。桂花有形而香气无形，以此润物无声；月亮有形而月光无形，以此照亮夜空。绿城认为，房子就是城市有形的风景，既见证历史也关照当下，更指向未来；匠心就是城市无形的灵魂，既凝聚生机亦体现生命，更指向生活。

真诚，是绿城以人为本的产品思维；善意，是绿城生活至上的产品逻辑；精致，是绿城努力追求的产品特质；完美，是绿城精心营造的产品标准。

绿城产品观的进化与实践，是绿城人在“最懂产品”这条路上的成长。

首先，就是从生活者的居住体验出发，保持一颗利他之心，结合阅历与见识，剖析需求与可能，使产品本身更加人性化和系统化。

其次，体现在对传统的继承与汲取上。现代生活中再现传统美学，用文化记忆里的片段和形象，致敬千百年来不变的中国美学。

再次，精准呼应当下人群需求，秉承人文关怀美好初心，与居住对话，与社区对话，与城市对话，探索人们美好生活的向往。

最后，创新永无止境，将标杆创新、专项创新、属地创新三大模块做到极致，秉承敬畏之心探寻前进的每一步。

1. 舟山如心小镇鸟瞰
2. 义乌桃花源鸟瞰

1. 杭州亚运村
2. 杭州凤起潮鸣
3. 舟山如心小镇，长峙岛杨柳郡
4. 济南绿城金融中心
5. 西安全运村

以人为本：绿城产品的美好基因

产品背后的核心是人，人既是营造者，也是生活的主体。

1994年，国家启动公有制住房改革，波澜壮阔的大时代酝酿着无限可能。绿城创始人宋卫平创建绿城品牌，开启“春风又绿江南岸”的行业高品质时代。

1995年，绿城接续江南美好基因，率先在杭州开发了桂花系产品，其艺术的建筑形体、舒适的居住环境和精致的品质规划，摆脱了当时千篇一律的“赫鲁晓夫楼”，以坡屋顶、八角窗、大草坪惊艳了杭州，也为行业开启了一扇新大门：“原来房子还可以这么盖！”

1998年之后，进入高速发展的“地产黄金十年”，而绿城却选择“慢”下来去仰望“明月”——景观设计融入住宅产品，让花园、绿地、水系与建筑共写诗意，也让小区承载着美化城市的宏大使命。

2006年，绿城全面实施精品战略，着重打造完善的园区服务，追求更加和谐的人居环境，实现了从一代高层到二代高层的美学进阶。以江南里、桃花源为代表的中式合院悉数登场，展现生活美学理念。

2020年，绿城从地产商转型生活综合服务商，绿城产品被赋予了更多生命力，绿城“四大名著”、凤起潮鸣、春风金沙……建筑变成了生活的最佳容器，也成为中国城乡发展的样本，为美好生活提供万般可能。

在时间孕育下，绿城形成了多维度、立体化、可持续的“8×22×22”产品谱系，包含8大产品系列、22个产品品类、22种产品风格，由此构筑出近1 000座美丽家园，成为绿城美好生活的重要依托。

八大产品系列，包括居住物业、商用物业、城市综合体、公用物业、保障物业、理想小镇、运动系列、TOD系列；22个产品品类，涵盖别墅、合院、排屋、平层、叠墅、一代高层、二代高层、YOUNG系列高层等8种住宅建筑品类，以及商业、酒店、办公、教育、文化、医疗等14种公共建筑品类；22种产品风格，包括桂花系、英式、意式、法式、中式、绿园系、丽园系、诚园系、柳岸系、潮鸣系、桂语系和云庐系等。

与此相关，品相管控体现出绿城产品的极致精神，好房子就是要兼具高颜值、极贤惠、最聪明、很健康等几大要素。

在“颜值”方面，绿城研究了20世纪50年代以来的新中式建筑，从13部经典著作中寻根溯源，提炼出几百种精美的建筑细节。

在“贤惠”方面，绿城希望能满足生活服务中林林总总的需求，比如让社区里的老人和孩子都能有一个舒适安全的地方活动。

在“聪明”方面，绿城推动“户型创新+家居智慧智能”，赋能品质空间，让家成为温暖所在之地，同时打造了未来智能的多种场景。

在“健康”方面，绿城以“绿色低碳、生态宜居”的价值主张，以人居体验为核心，聚焦物理低碳与心理健康，打造理想居所。

绿城创始人宋卫平说：人文主义、以人为本，它既是出发点，又是目的地。

是为绿城产品的传承与创新之本。

因时而动：绿城产品的最强大脑

创新是绿城一直以来的内在动力。
应时而动，不断创新，是绿城理想主义和产品主义最重要的载体。绿城产品优势的背后，从未停止过对产品的探索和创新的实践。

创新是实现传承与发展的必由之路

2019年，绿城中国董事会主席张亚东提出，绿城要向制造业学习，先研发再生产，做到“一年创新、两年落地、三年复制”。稳步推进研发创新工作，扎实推进创新成果发布落地。创新要走法制化、体系化、常态化的创新研发道路。

由是，就有了绿城八大产品前置创新课题——无界公寓、空中院墅、绿色叠代、社区·芯空间、长物空间、义乌创新立面、城市客厅、花园式办公。

无界公寓为多、高层住宅的自定义生活提供多维度的新思路；空中院墅以天地为导向，旨在创造高层别墅化、亲地栖居的生活体验；绿色叠代研究叠墅、洋房、高层立面风格；社区·芯空间聚焦社区生活服务空间的升级；长物空间针对叠拼产品的升级进行研究与思考；城市客厅则强调园区与城市生活的内外交融……

绿城所有前置创新，就是在寻找一种催促生命绽放的力量。

截至2021年年底，前置创新已在15个项目中落地、验证与优化。

产品创新聚焦适配创新

2020年，绿城开始打造更加符合年轻人审美的立面新风格系列，并将创新成果标准化，增强适配性，支持规模扩展，挖掘新材料及新工艺，探索绿城美学外延，拓展绿城产品风格。

截至2021年年底，适配创新已在30个项目落地应用，并呈现了18个样本。绿城的创新思维，在于既关心科技进步与未来社区，也关注美学价值和精神空间；既遵从传统建筑文化，也关注与城市文脉的共生；既聚焦绿色低碳健康，也营造最高标准绿色住宅。

1. 花园式办公楼效果图
2. 无界公寓效果图
3. 芯空间效果图
4. 长物空间效果图

5

6

7

8

5. 向上客厅效果图
6. 生机之宅效果图
7. 新宋风合院效果图
8. 生活街角效果图
9. 高能效户型复合公区剖面效果图
10. 高能效户型情景阳台效果图

探索更有温度的生活

2021年，绿城持续地促成人、建筑、城市之间的连接与共生，步履不停，向新而行。让家回归美好生活的本质，是绿城产品创新对自我价值与家庭价值双向探索的落脚点，也是居住空间创新研发的出发点。

在开放社区、未来社区的背景下，绿城通过构建全新的社区生活场景，来唤起熟人社会邻里关系的回归，实现产品服务双升级。

城市更新，正在成为一线城市中心区域发展的主题。作为房地产开发者，必须要充分考虑城市的人文历史性。是否有历史文明的积淀，是否触动人的情感，是绿城将“房产品”变为“经典作品”的创新关键所在。好城市中的好产品，永远是价值的载体。

产品永远是绿城的立身之本。创新是绿城的基因，发展是企业的永恒主题。应时而动，才是产品永远入时的核心秘密。

大事记

TIMELINE

《创造城市的美丽——绿城产品谱系(1995—2020)》正式对外发布，它梳理提炼了绿城体系庞大的产品谱系，是献礼绿城25周年的礼物。

1月

绿城中国蝉联“2020中国房地产公司品牌价值TOP10（混合所有）”第一，并连续第9年获得“2020中国房地产顾客满意度领先品牌”荣誉称号，并荣膺产品力和顾客满意度双榜单榜首。

9月

设计共享中心作绿城中国产品创新整体工作汇报，张亚东要求建立科学的创新研发体系，深化体制机制改革，研发一代、生产一代、储备一代。

12月

2020 年

3月

绿城中国连续16年荣膺“中国房地产百强企业综合实力TOP10”，位列2020中国房地产“产品力优秀企业”榜单第一。

5月

绿城中国设计共享中心正式揭牌成立，承接和保障“品质为先”的发展战略，标志着绿城中国产品设计发展迎来新阶段。

11月

克而瑞研究中心发布“2020年中国房企产品力排行榜TOP100”榜单，凭借行业领先的产品品质，绿城中国位居榜首。

2021年

1月

绿城中国“战略2025”正式启动。绿城中国规划设计委员会启动绿色智慧创新研发。

3月

绿城中国“理想的未来”生活开发者大会举办。无界公寓、城市院子、中央车站、如意宅等绿城创新产品对外发布。

5月

大美之道，行则将至。绿城中国第一期“品相管控”系列培训正式启航，绿城创始人宋卫平作开班致辞。

7月

绿城中国荣获“2021中国绿色地产指数TOP10”“2021中国绿色地产指数（商业）TOP10”“2021中国绿色楼盘TOP10”称号。

11月

绿城中国规划设计委员会在杭召开品质保障高级别会议，会议见证了绿城中国研发设计中心正式揭牌成立。

12月

绿城中国规划设计委员会召开产品创新中期成果汇报，以生活有温度为主题，聚焦标杆、专项、属地创新。张亚东寄语创新要为高质量发展提供有力支撑。

作品
WORKS

生活的理想就是理想的生活

1. 杭州西溪云庐

作为理想生活综合服务商，绿城洞悉时代居住需求，不断迭代城市人居，进驻200多个城市（含海外），打造了近千座美丽家园，让近200万业主遇见内心的完美归处，得以实现“咏而归”的人文理想。

与此同时，绿城始终高举产品主义旗帜，从1995年到2020年，绿城精心推出了居住物业、商用物业、公用物业、城市综合体、保障物业、理想小镇、运动系列、TOD系列八大系。

绿城认为，大地上的居所，应该是自然、文化、艺术与科技的结晶。呼吸吐纳间，都在吟咏着这个时代的壮丽和美好，都在触摸着人们内心的柔软与灵动。

2020—2021年，行业在进步，绿城也没懈怠，在产品力上苦练内功，产品创新颇有新意，落地了一批承载着绿城初心、匠心与恒心的作品。

理想人居，代表极具高级烟火气的“室内温度”

从低密建筑的北美、中式、新中式系列，到多层公寓的桂花、地中海现代系列，再到高层公寓的诚园、深蓝系列，全都营造出一个又一个自得其乐的经典。品质立身，绿城产品的别样精彩与独特韵味已经初步形成；品牌立市，绿城格外注重氛围营造以及人与自然的共生景观。

城市更新，感受长效、智慧、一体的“运营温度”

经过几十年高速发展，一些城市规划和园区建筑已不再适应发展需要，急需引进新空间与新产业、焕新城市风貌、激活资产价值，为城市注入活力。绿城定位理想生活综合服务商，以“大同理想”引领美好人居，在工业/产业园区、国有企业存量资产、历史街区等多元领域，通过统合整治、部分重建、全拆全建等业务，重建商业配套、创新空间、生活设施、管理平台，打造完善的产城综合服务生态体系，以运营服务为导向，助推产业升级。

未来社区，强调三化九场景的“人际温度”

旨在重构社区礼序，还原熟人社会的社区治理模式。截至2021年年底，绿城已开发7个、代建5个、参与了几十个未来社区试点项目，成为政府重要的服务商之一。2008年绿城开发舟山长峙岛，将一个疆域相对独立的海岛建成世外桃源。2021年，舟山如心小镇也获批成为第三批未来社区试点项目，同期获批的已交付项目还有绿城翡翠城社区和TOD模式开发的青年社区绿城杨柳郡等。

理想小镇，以大同理想引领美好人居的“想象温度”

一个“比城市更温暖，比乡村更文明”的地方，以高品质的服务系统为桥梁，以便捷的科学技术为手段，以高级的城市文明为目标，让每家每户随时随地都能够享有理想生活。理想小镇由两个要素组成，一为容器二为内容，容器是指自然的或人工元素所组成的有形聚落以及环境，内容则指单个的人以及由人所组成的社会。

TOD / 城市综合体，全方位代言现代价值的“城市温度”

TOD（Transit-Oriented Development），译成中文是“以公共交通为导向的发展模式”，已在欧美国家风靡20余年，在日本城市发展规划中利用到了极致。作为一种以公共交通为导向的城市开发模式，其最大特点在于其集就业、商务、居住、文教等功能为一体。让公共空间成为城市的闪亮名片。杨柳郡之后，绿城又在昆山、苏州、福州、哈尔滨等城市投资了多个TOD项目。

代建开发，为更多的人造好房子的“社会温度”

绿城房产建设管理有限公司作为“中国代建第一股”，于2020年7月10日在香港联交所主板成功上市，绿城管理作为绿城“轻重并举”战略的重要组成部分，一路走来，掷地有声。截至2021年12月31日，已在全国101座城市落地345个项目，总建筑面积合约8 470万m^2，稳居中国代建“龙头”身位。绿城以商品房的标准营造保障房产品，将绿城的品质特征注入所有代建项目，更多的考虑是为了回报社会、服务广大民众。

城市活力，将运动精神融入其中的“血脉温度”

打造运动、时尚的城市理想生活样本，为主办城市留下一份高质量的赛会遗产。每一座全运村都承载了城市升级的理想和雄心。济南全运村被誉为“中国全运第一村”，推动了泉城人居标准快进十年；沈阳全运村，推动浑南新区崛起成为城市新中心；天津全运村，带来了运动、澎湃、向上生长的力量；西安全运村，则承载着西安的国际化梦想，成为西安最具特色的国际、健康、活力社区。

理想人居

进退自如，从来都是中国人的生活理想。

绿城认为，房产品是文明和文化的载体，是艺术的创造和建设者生命价值的体现。一直以来，绿城孜孜以求于别墅、多层、高层、社区等各种理想人居的产品研究、创新与升级，始终追求以人为本的价值理想，寻求人与自然、人与人、人与自我的和谐共生。

绿城理想人居，从来遵循一种原则：自然而然、万物生长是最高境界。

绿城一直讲求规划应契合城市的人文气质，让房产品能被城市和环境所接受，进而融入这座城市的人文和自然历史。

绿城建筑则讲究建筑与景观、建筑与室内的高度融合，要求远景看气质，中景看身材，近景看五官，观建筑如观人。

绿城室内空间，更看重不同功能板块的精研和设定，提升收纳空间，满足个性需求，让居室也有可成长性与可变性。

绿城理想人居，由“别墅、多层、高层、社区”的特点而能见其脉络。

让城市更美丽，让生活更美好

在山水与城市之间，进退自如

别墅：豁然开朗的理想桃源之境

别墅者，山水林泉之美宅也。

绿城的一代别墅营造，始于20世纪90年代中期，以丹桂花园、金桂花园等为代表，通过舒适型住宅和花园式景观，体现了最初朴素而美好的产品观。绿城的二代别墅，以“折中式美学”融合英意法式等西方经典母本，融入东方自然山水，以九溪玫瑰园与杭州桃花源为代表，引入环境设计理念。绿城的三代别墅，以杭州桃花源南区全装修园景别墅为标志。其后，合院作为别墅变种，又实现了“咫尺之内再造乾坤”的居住改良和“国风美学”的回归复兴。再之后，凤起潮鸣则实现了在市中心的中式豪宅经典梦想。

多层：可居可观可游可赏的家园

多层者，可居可观可游可赏之典范也。

绿城多层公寓产品，以杭州桂花城为代表，杭州丹桂公寓、金桂花园、银桂花园、桂花城、兰桂花园、紫桂花园，以及舟山桂花城、临平桂花城、合肥桂花园都数度获奖，成为绿城代表作。多层公寓产品秉承“以人为本”思想，以低楼层、低密度、低容积率、高绿化率为主要特色，建筑整体典雅大气，细部层次十分丰富，环境营造推崇意境，产品蕴含独特气质。园区以江南庭园围合式的布局，通过大规模的中心花园和组团规模绿地、宅间绿地和蜿蜒曲折的水系，营造出秀木华盛、满城飘香的具有江南意境的生活园区。

高层：一种向上生长的城市新空间

高层者，城市向上生长的新空间也。

绿城第一代高层公寓，注重城市和谐的天际线和文脉营造，强调从细节去满足中国人不断上升的居住审美需求。从2003年的杭州绿园开始，到杭州春江花月、上海绿城、杭州深蓝广场、杭州丁香公寓、杭州新绿园、宁波绿园、合肥百合等一系列高城公寓作品的出现，令世人对绿城刮目相看。绿城第二代高层公寓，是对以往产品从内至外的全面升级，是对更大范围城市设计、人居需求、住宅功能、园区文化、生态景观等多方面关注的一流产品，并加入了对产品背景和所处城市全新解读，如杭州春风金沙、广州晓风印月、义乌晓风印月、昆明凤起兰庭、 长沙凤起麓鸣、奉化长汀云庐、丽水桂语兰庭等。

1. 杭州凤起潮鸣

社区：与城市之间产生更多链接

社区者，众人聚居的小小命运共同体。

绿城认为，居住产品和城市之间，首要关系是需求的相互满足。社区应当以满足人的需求为首要目的而非独善其身，社区资源和活力要能够反哺城市，社区与城市之间要产生更多“链接”。以杭州春风金沙项目为例，它就以住宅属性为基底，规划集中的商业综合体，并与生态景观以及城市轨道交通系统紧密结合。其中商业部分，能够同时服务于社区与城市，通过不同商业模式塑造过渡空间，使得社区和城市资源之间产生更紧密的联结。

寻找与城市发展需求相契合的综合服务配套，探求二者之间有机结合的空间实现。这是绿城对于未来社区探索的方向，也是地产开发的新契机。未来社区，应当是支撑城市生命体良性运作的细胞，共同构成符合人的使用基本需求的美好城市界面，构建城市文化价值，使得封闭社区向更开放共享的街区过渡，让中国式邻里关系回归现代社会。

文脉越千年，中西共潮生

杭州凤起潮鸣，浙江

项目名称 杭州凤起潮鸣

项目地点 浙江，杭州

建筑设计 浙江绿城建筑设计有限公司

总包单位 浙江耀华建设集团有限公司

用地面积 约3.6万m^2

总建筑面积 约14.0万m^2

开工时间 2016年12月

交付时间 2020年11月

荣誉奖项 亚太房地产大奖、OPAL AWARDS 伦敦地产设计大奖银奖

1. 杭州老城区与贴沙河鸟瞰

如果说城市是新旧共存的混合体，那么建筑便是凝固在城市角落的片刻点滴，隐秘且纯粹。

凤起潮鸣地处杭州主城区的核心，位于杭州古城十门范围之内，隔街即是贴沙河——杭州的千年古河、护城河。此地在南宋时被高宗赵构赐名“潮鸣”，自古以来便是文脉深厚之地，今天也依然是老杭州人汇聚居住之地，生活气息浓厚。作为绿城高端城市公寓品牌“凤起”系的首个作品，本项目以现代设计手法，演绎“东方意境”的核心，多维度诠释了特属于杭州的建筑与生活美学。

有机生长的土地

项目本身的场地条件存在着一系列的限制与挑战，包括市中心的限高、贴沙河作为杭州饮用水源的保护要求，以及基地下方对穿而过的地铁盾构隧道对建筑抗震安全的要求等。为此，项目从规划到建筑建造，再到景观和室内设计，集结了中国、英国、新加坡和日本四国的业界顶尖专家与设计师，通力打造了一处身居闹市却有隐世之感的理想居住地。设计本身没有以张扬之姿凌驾于周边环境，相反，通过细致的建筑排布，恪守了相关规范，避免了对周边已有建筑的遮挡，以更谦卑亲和的姿态融入城市肌理之中。

2. 中式合院夜景
3. 现代高层住宅立面

传统现代的重奏

项目规划以现代高层住宅搭配中式合院，并以中国文化精粹为体，通过细节与效果的入微把控，将中式东方意象与现代西方构造完美兼容。

高层住宅部分采用了干净的造型与利落的现代化材料。印度蓝的石材、银色铝板，搭配高透光的玻璃。白天，玻璃立面映射着蓝天、白云和街景，流光溢彩；傍晚，住宅室内的灯光亮起，照在毗邻的贴沙河水上，交相辉映，适当削减了建筑的体量感，也与周围的城市风貌更为贴合。

中式合院延续了江南传统大宅白墙、黑瓦、红木、飞檐翘角等传统样式与元素，同时引入了现代化的建筑设计理念与用材，包括大面积玻璃的使用，既提升了室内采光又碰撞出了新意，也更适合当代人现代化的居住方式。建造过程中，建筑的各个细节亦经过仔细推敲，从立面边框、石材、玻璃，再到景观、室内，都经过了建模、选材、打样、调整的全过程，以保证纹理、色泽、平整度、拼缝细节的精准把控与落地效果。

凤起潮鸣向人们展示了中式和西式的完美融合：传统的外立面和时尚的内部设计毫不违和，在传承东方传统的同时，也可以吸收西式建筑的精华——一个尊贵典雅有格调的东方之“壳”，一个和家庭生活息息相关的现代时尚的“内核”。

4.5. 合院立面细部
6. 高层住宅的沿街面
7. 园区外的街景

自然演绎的四季

项目因临河而建，对景观视线的推敲，与城市风貌的和谐一致，变得极为重要。既要考虑从公寓望向河景的视线，也要兼顾城市层面反观项目的视觉美感。同时，在园区内部，通过建筑架空层的渗透，很大程度地拓展并丰富了居住者的生活空间，使得室外宜游也宜观赏。

园区内，景观设计以“明月共潮生”为灵感来源，打造出独具特色的“潮鸣十景”，形成各个区域和而不同的趣味演绎。如今，居住在此的人们既可以身处家中，透过大幅落地窗，眺望千年传承的庆春门、沉默静谧的贴沙河、喧嚷的武林门夜景，感受老杭州的前世今生，也可以穿过风雨连廊，在庭院闲情漫步，观赏四时景色。

从宏观的城市空间角度规划到微观的单体细节，从整体到局部、从硬件到软件，可以说，绿城充分利用了自身的强大产品开发能力，将之转化为了大众对居住品质要求的具象体现。

听自然回声，与城市共鸣

宁波凤起潮鸣，浙江

项目名称 宁波凤起潮鸣

项目地址 浙江，宁波

建筑设计 大象建筑设计有限公司

总包单位 浙江欣捷建设有限公司

用地面积 约5.4万m^2

总建筑面积 约17.2万m^2

开工时间 2019年12月

竣工时间 2021年12月

荣誉奖项 美国TAC世界设计奖建筑设计WINNER大奖、REARD全球地产设计大奖居住类·建筑铜奖

1. 建筑立面
2. 架空层

作为绿城典藏级“凤起潮鸣”品牌，第二个项目选址宁波，将高端与品质予以延续。宁波凤起潮鸣位于东部新城，未来这里将发展成为宁波新的行政、金融、文化、商业、会展中心，汇聚整个城市的优质资源。

诗意闲庭，中轴之美

园区包括洋房与高层住宅，建筑自南向北采用对称式布局，以经典的中轴之美，展现出典雅高贵的整体形象。设计进一步以“重塑与融合”为理念，将西方艺术与东方意境相结合，并通过“静水流深”“海上明月共潮生”等主题雕塑，呼应了所在城市气质——大气包容，潮涌澎湃。

同时，园区精心打造了连接10栋建筑的风雨连廊，串联起八大主题的架空层，包含健身空间、瑜伽空间、儿童空间、红叶空间、共享客厅等互动空间，为业主提供全龄段的日常活动场所。

极简主义，立面美学

建筑外立面延续了杭州凤起潮鸣的大气简约，同时在细节上予以创新。蓝灰色的大面积玻璃，连成一面巨型光幕，配合极细的石材框架和铝板装饰，增加了立面的变化和层次；南阳台吊顶使用木饰面材质，暖色调显得更温馨；首层外立面石材增加了不锈钢嵌缝，层间线条增加了型材凹槽，使线条阴影关系及立体感更强，更加笔挺流畅。

书藏古今，文化潮鸣

书藏古今是宁波这座城市的响亮名片，而绿城从该项目规划之初就已开始了人文主义社区的探索。2020年，园区举行了文澜阁《四库全书》的入藏仪式，将这部卷帙浩繁的丛书置于北入口大堂内的MONA潮鸣艺术馆。共计1 559册、100多万页的丛书汇成知识的海洋，在这里激起一场与城市的“文化潮鸣”。

风雅屋檐下，古色绘新意

衢州凤栖云庐，浙江

项目名称	衢州凤栖云庐
项目地点	浙江，衢州
建筑设计	浙江绿城六和建筑设计有限公司
总包单位	贝林集团有限公司
用地面积	约6.3万㎡
总建筑面积	约12.6万㎡
开工时间	2020年11月
竣工时间	在建
荣誉奖项	克而瑞“2021年全国十大高端产品”

1

1. 示范区实景
2. 生活美学馆建筑

凤栖云庐位于衢州的智慧新城板块，与古城交汇，坐落在石梁溪西岸的山丘之上，与“城市绿洲”鹿鸣公园仅一步之遥。《长物志》有书：“居山水间者为上。”溯源南孔圣地儒风浩荡，同步世界人居建筑语境，凤栖云庐传承千年东方风雅，在“新”与“古”之间创造微妙的平衡，通过对传统文化和当代人居的综合考量，营造出意蕴幽深的境界。

规划因势随形

凤栖云庐的整体规划以尊重原始地形地貌为前提，顺应地势变化，尽可能利用山坡水系，最大限度地保留了已有的山体水系风貌。错落布置，仿若生长在原生的大地肌理上。现代设计语言提炼出山林、谷地、流瀑等林间元素理念，打造颇具自然感的谷地雨水公园，并通过溪水之上的木栈道、栈桥和景观亭等汇聚成游憩网络。

自然与生活的融合不仅仅局限于园区内部。通过步行廊道的设置，园区内部的生态园林景观进一步与邻近的鹿鸣公园和石梁溪连接起来，从而将周边的自然资源延展至基地内部，串联起城市公园与住宅。以林而栖，栖于自然，凤栖云庐对建筑整体形态与园区整体风貌的兼顾，打造出一处开门见林闭门闻水、山水自然和谐相融的全新坡地住宅居所。

重建古城印象

天然的红砂岩壁是衢州典型的地质特征，设计因而将其作为地域化的元素，将红砂岩壁的形式转译为项目的基座，还进一步从衢州古城墙与传统高台建筑中汲取宫殿楼阁的恢宏气质，从而延续了场所精神。从“上古穴居”到“易之以宫室”，基座起着承重、加固、防潮的作用，同时彰显着鲜

3.4. 示范区实景

明的等级地位。随着生产力发展与技术创新，如今的基座被运用于更多元的场景。不同于传统基座的基本功能，设计利用场地高差，在基座的形式中纳入配套商业的功能。古今对比，基座完成了从物质性构件到功能性空间的创新之变。

同时，面对儒风浩荡的山水衢州，设计选取了大飘檐、瓦屋面、花格窗、白墙面四个中式锚点，以此提炼传统建筑的“象外之象”，构建凤栖云庐的轮廓和空间。片状的、深远的三重飘檐结构层叠呼应，勾勒出“如翚斯飞”的轻快飘逸。檐口下做了五重跌落来呼应斗拱的斜撑，远观有形，近看肌理精致。飞檐不尽之下，是设计理念的与古为新。

营造三重空间

凤栖云庐的合院，恰好展现了中国传统建筑文化里的咫尺山水之感，同时又满足了现代生活的舒适与品质。建筑的屋檐挑出深度做到了近2m，外延形成室外—半室外—室内三重空间的过渡。柱廊与檐下灰空间的存在，在遮风避雨、提供荫凉的作用之外，空间边界变得暧昧，人的体验感愈加丰富。被放大的窗地比，以及在古风之上做减法的窗与花格，保留了中式韵味，优化了采光效果，大大提升了舒适性。配色方面，设计也打破了白墙黑瓦的传统组合，屋顶、院门、门窗框统一选用暗红棕色，再用渐变的木色系柔和了建筑的整体气质。由此，阶前桂雨，一方雅室，手中书，杯中茶，一家人便构成了“同在屋檐下”的共生场景，自然静雅的生活境界由此成形。

粉墙黛瓦院，层层叠叠墅

杭州西溪云庐，浙江

项目名称　杭州西溪云庐

项目地点　浙江，杭州

建筑设计　杭州九米建筑设计有限公司

总包单位　浙江振丰建设有限公司

用地面积　约4.2万m^2

总建筑面积　约9.5万m^2

开工时间　2017年09月

竣工时间　2020年01月

荣誉奖项　美国TITAN泰坦房地产奖最佳美学设计铂金奖、亚太区房地产领袖高峰会奖MIPIM ASIA Awards最佳住宅铜奖、APA亚洲不动产奖年度高端别墅设计金奖、CREDAWARD地产设计大奖优秀奖、Pro+Award普罗奖居住建筑金奖

西溪云庐地处杭州西溪湿地南侧，坐落于山麓缓坡之上，远眺西湖群山，一弯流香溪其间穿过，自然与景观资源得天独厚。项目一部分为粉墙黛瓦的传统中式合院，一部分则为敞亮通透的现代叠墅。

因山因地起势

设计充分利用周边西溪湿地、群山等得天独厚的天然地形与自然生态，通过现代手法，演绎亲近自然的中国式生活，打造出特属于杭州的低密住区。项目采用一体化的思路——建筑、景观、软装协同作业，同步设计，将各自的专业优势发挥到最大。

“粉墙黛瓦入梦来，此间是江南。”中式合院部分，设计充分融合了传统建筑元素，通过建筑、连廊与灰空间形成围合院落，并将假山、水景、植物引入其中，塑造宅院合一的生活境界。由此，设计让记忆中的江南印象更加鲜活地呈现于西溪湿地畔。叠墅部分，为了与周边城市与自然风光的大环境保持和谐，并应对湿地周边较为湿冷的环境，所有建筑均采用了暖色系外墙；屋顶露台作为叠墅的“第五立面”，也做到了颜色细节与环境的协调，即便人们从山上往下看，也不会觉得突兀。

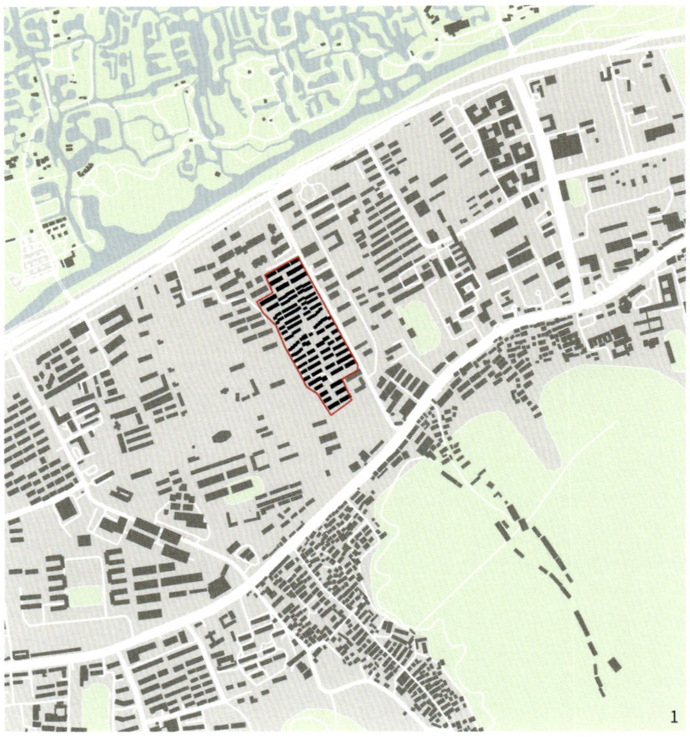

1

1. 项目区位与城市肌理
2. 园区鸟瞰

3

4

街景园景同行

园区内部，通过建筑高度、间距的控制，塑造出宜人的绿地组团，营造与自然和谐共生的邻里居住空间。现代叠排部分除了大尺度玻璃，还置入了开放式屋顶花园，使得空间格局大幅提升，也更好地回应当代人居的精神需求，让住户在繁华的城市中得以拥有一处更具私密性、与世隔离的隐匿空间。合院部分则通过“借景”的手法“以窗漏景”，让居者拥有观望西溪山景的视野。同时，合院的各个组团围绕主要景观轴排列，并于其间布置了多处古典园林空间。

景观的设计以苏州古典园林为原型，遵循了“叠石成山，栽花取势，或藏或露，或浅或深”的江南造景术，在符合现代生活需求的基础上，充分展现了东方院落空间围合的韵味。由此，“街景”和“园景”的双重营造，创造出一个花园式的环境，同时兼顾了城市界面的活力和居住空间的温馨安宁。

3. 中式合院立面细部
4. 合院细部
5. 合院立面

6

7

6. 现代叠墅立面细部
7. 叠墅建筑局部
8. 园区内实景

极简精致相“叠”

西溪云庐的现代叠墅组团是绿城“Trees Villa”系列的首个项目。设计着眼于“现代形，东方意”的精神内涵，以新颖的建筑形态，建构出美丽建筑与美好生活的共融状态，从而满足居者对生活和诗意的双重性需求。自此，“云庐”成为绿城现代叠排的起点和代名词。为了贴合现代都市审美与生活，其建筑造型一改常规建筑的厚重和同质化，转而采用极简主义风格。然而，设计并没有破坏园区整体的东方意境，而是采用了大面积的透明玻璃与浅色金属质感表皮。建筑体块的利落通透，保留了东方文化底蕴下的细腻与精致。建造工艺上，材料的选用尽可能极简化，以“高透光、低反射”的落地玻璃，搭配铝板与石材，打造出典雅干净的立面，使其具有更优良的保温隔热效果，对接国际标准的同时，更加符合现代人居的审美标准。建筑内部空间营造上，叠墅采用了无梁大跨度的空间设计，赋予了室内别墅般的宽敞、通透与静谧，也为未来的功能布置预留了更多的可能性与更大的灵活性。

东方情境，世界义乌

义乌桃花源，浙江

项目名称 义乌桃花源

项目地点 浙江，义乌

用地面积 约18.4万 m^2

总建筑面积 约39.5万 m^2

建筑设计 杭州九米建筑设计有限公司

总包单位 浙江银力建设集团有限公司、浙江杰立建设集团有限公司

开工时间 2017年09月

竣工时间 北区，2020年06月；南区，2020年12月

荣誉奖项 美国建筑大师奖AMP荣誉提名奖、欧洲杰出建筑师论坛大奖LEAF AWARDS最佳综合用途建筑入围、世界建筑节WAF入围、Pro+ Award普罗奖居住建筑银奖、美国MUSE设计大奖建筑类金奖、CREDAWARD地产设计大奖·中国优秀奖、亚太区房地产领袖高峰会奖MIPIM ASIA AWARDS最佳中国未来大型发展项目铜奖、中国设计权力榜设计与艺术融合类入榜

境遇桃源

从古县乌伤到知名商贸大城，义乌一跃成为演绎着传奇故事的世界名城。义乌桃花源位于江东街道环城南路南侧的山水之中，周围有鸡鸣山和南山等优越资源。作为绿城全球第九座桃花源，义乌桃花源以建筑之美记载着一个时代的脚步。设计构想以传统园林手法，将其打造为与都市保持适度距离、亲近自然、安放身心的人居家园，容纳中式合院、现代叠院、高层公寓以及一座兼具展陈与美学功能的生活美学馆。

融合中西

设计将中式合院采用传统的建筑“群落”布局，遵循中轴对称的礼序，强调庭院的私密感。依山就势而筑的中式合院，融合中国三进两院经典建筑形制，独享“江南私园”的多重意境。从公共到闲雅居家空间的归家礼序，经历了从照壁、亭、廊、门洞、街巷到家宅丰富的视觉引导体验。邻近的现代叠院，展示出与前者不同的状态，一种更加通透和开放的现代性，但仍统摄于总体的中轴礼序布局。一共4层的空间分为上叠和下叠，配备入户花园、下沉式阳光庭院及星空露台。设计尽量减少柱网，做到外形轻薄的同时，内部空间被极限地释放。

2

3

1. 叠墅建筑立面
2.3. 园区内实景

云归长汀，湖境归一

奉化长汀云庐，浙江

1

项目名称 奉化长汀云庐
项目地点 浙江，宁波
建筑设计 杭州九米建筑设计有限公司
总包单位 宁波建工工程集团有限公司、中天建设集团有限公司
用地面积 约12.4万m^2
总建筑面积 约29.7万m^2
开工时间 2018年03月
竣工时间 2020年06月

1. 高层住宅立面
2. 奉化长汀云庐鸟瞰
3. 园区内实景

宁波版江南里

奉化长汀云庐位于宁波市奉化城区，被誉为“宁波版江南里”，基地拥有优越的外部景观资源，北可眺望仁湖公园，东可近观洪琅潭，是主城区内最后一块临江、面江住宅地块。奉化长汀云庐分为南北两个地块，北侧地块为叠院，南侧为合院住宅区、高层住宅区和幼儿园。

精工匠心

北侧的叠院为现代简约的4层平顶建筑，建筑南向采用大面积玻璃窗，立面材料采用铝型材、大尺度玻璃、高档石材等，色调上采用高级灰和香槟金，追求轻奢、优雅、内敛、通透的效果。细部突出玻璃与金属的材料特性，真实地表现出建筑材料的色彩及质感，从内向外力求尊重自然、传统，与环境和谐一体。

合院住区主脉承袭着“中正平和”的中国传统文化精髓，以现代精工匠造的中式建筑符号，以多种“顶制”的组合形式呈现当代中式的高阶屋顶，融合于自然山水中，令居者身心愉悦，从而契合着“天人合一”的核心园林大宅建筑形制。同时，通过建筑、连廊与灰空间将庭院围合，将假山、水景、植物引入其中，让公共空间成为园区的中心，社交和会客的绝佳场所。

2

3

现代立面，江南之美

杭州桂语江南，浙江

项目名称 杭州桂语江南
项目地址 浙江，杭州
建筑设计 大象建筑设计有限公司
总包单位 浙江振丰建设有限公司
用地面积 约2.6万m^2
总建筑面积 约10.8万m^2
开工时间 2016年10月
交付时间 2020年06月

1.2. 建筑立面细部
3. 建筑外景

尺度之上的城市肌理

几度梦回西湖畔，桂花香里语江南。杭州桂语江南位于杭州奥体核心版块的博奥路上，共包含7栋高层和4栋叠墅。项目于2020年全面交付，其整体设计兼顾现代感与生活感，是绿城桂语系风格产品的首个作品。

社区营造

园区规划注重整体效果，延续了大围合式的社区营造策略，并采用中心景观轴布局，充分兼顾建筑均衡对称的美感及其与居者间的关系，打造安定的内向式围合空间。同时，一条约1km的漫步道将小区与约20 000m^2的城市公园贯通，让人们得以在城市的喧嚣中尽情拥抱大自然。

外立面的建筑思维

高层区域的建筑的设计强调横向水平感，追求立面的舒展平整。增大的窗墙比与创新的纤薄视窗让观景视野更加开阔，而金属、格栅等现代材料的利用，在匹配当代审美的同时也透露出更丰富的层次与精致感。户型设计则强调入户空间、餐厨关系及空间的拓展，置入了南向大横厅，从而将更多的空间留给客厅和餐厅，并在全屋收纳等细节上融合了更加人性化的实用设计。叠墅部分的设计应用了创新的三叠墅形式，并在户型上进一步优化调整。例如，边套的四房三卫户型，保证了全明采光，也使得上下两层的开间均达到了8.8m；附加的花园、地下室、夹层等空间，淋漓尽致地展现了这一创新户型的生长潜能，为人们的生活与场景应用创造了更多的可能性。目前，桂语江南所开创的所有户型，已全部纳入绿城标准化产品库，未来也将在绿城更多的产品中予以呈现。

君子之兰，隐逸之园

重庆兰园，重庆

项目名称 重庆兰园
项目地点 重庆
建筑设计 浙江绿城建筑设计有限公司
总包单位 新疆苏中建设工程有限公司
用地面积 约3.0万m^2
总建筑面积 约10.2万m^2
开工时间 2017年12月
竣工时间 2020年07月
荣誉奖项 上海市优秀勘察工程设计奖住宅类一等奖、上海建筑学会建筑创作佳作奖

1. 架空层
2. 建筑立面

重庆兰园位于主城核心区域——冉家坝，三轨交汇，可无缝连接沙坪坝、江北等区域，是以“柳岸系”产品品质的延续与提升，打造全周期全方位的园区服务体系，实现绿城在西南区域的品牌承诺，是绿城入渝之后的首个“标杆系”作品。

社区公共空间营造

对社区公共空间的规划一直是绿城产品的重中之重，兰园中心庭院的公共空间为邻里交流、沟通和资源置换最大限度地提供了规划上的引导和推动。兰园以大尺度庭院为中心进行四面围合，格局上采用大开大合的庭院聚落，延续绿城“中轴对称、序列感”的园林美学风格。高层围合场地的布局形式，呈现南低北高的整体态势，有效遮蔽嘈杂的城市界面，围合出15 000m^2超大尺度中心庭院，取境“高山流水”，师法天地自然。

当代建筑美学

住宅不只是解决居住功能，更应该向人们传递场所、氛围乃至情感、艺术等多种感受。大面宽、浅进深的7栋高层大平层产品的主景观面均朝向中心庭院，对外构成简洁连续的城市界面，每间户型均能获得最大化均衡的景观视野。重庆兰园运用“少即是多”的设计理念，呈现扁平化的立面表情，将现代秩序与经典气质在立面上进行融合式的微创新。对城市界面的精细化设计是外立面设计更深度的考量。

2

致敬上海的黄金年代

上海外滩董家渡项目，上海

项目名称 上海外滩董家渡项目

项目地点 上海

建筑设计 大象建筑设计有限公司

总包单位 南通八建集团有限公司

用地面积 约1.8万㎡

总建筑面积 约9.7万㎡

开工时间 设计中，计划2022年07月

竣工时间 在建筹备

上海是一座有着独特气质的城市。在这里，东方与西方、古典与现代兼收并蓄，和谐共融。而本项目所在的董家渡地区，因黄浦江畔的渡口得名，是上海最早形成的城区之一，不仅紧邻老城厢，且作为开埠后各地移民登陆上海的必经之地，有着丰富的历史与人文内涵。项目的整体设计基于相应的地域与文化背景，创新性地将上海“黄金年代”的装饰艺术风格（Art Deco），演绎到了本项目建筑、室内、工艺的设计语言与材料应用中，打造出既现代、又富有古典气质的形象面貌。

历史文脉的重建

项目初期，如何回应这片土地的历史文脉，如何重建与上海老城厢的联系，成为设计策划阶段的思考核心。规划布局方面，项目充分尊重周边的城市风貌，并将建筑沿主街的北立面定义为面向城市的主要形象展示面。

相对疏松的楼群排布，一方面与周边的高层住宅群相协调，保留了街道界面的开敞感，另一方面降低了高密度的高层公寓给人们带来的压迫感，并确保了望向黄浦江的视线通透。

1. 董家渡地区鸟瞰效果图

海派文化的设计

武康大楼、常德公寓、西湖公寓、淮海大楼……近代历史上的上海中心城区，已经建造有很多高层公寓，体现了当时高标准的建造水平，还承载了当时超前的生活方式。

如今，该项目作为全新建造的高层公寓，既采用了当下先进的建造技术，又展现了对上海“黄金年代”意象的提炼与表达，使得海派文化与现代技术融为一体。建筑设计从武康大楼等经典建筑、工艺语言中提炼出水平线条、圆弧倒角、Art Deco装饰元素。例如，所有阳角均采用了圆角造型，并且贯穿在塔楼、裙房、连廊、门头、围墙等构筑物的细节之中。为了搭配弧线形的立面造型，一楼大堂也采用了弧面玻璃，辅以精致的线条收边，融合了经典调性和现代形式。

2. 建筑沿街面效果图

3. 架空层与建筑立面细部效果图
4. 架空层效果图
5. 风雨连廊效果图

3

4

5

社区自然的营造

设计在细节上同样回应了基地所在片区的文脉特征。例如，基地原有老建筑上的构件，包括特色门头、砖墙等，通过现代化的设计手法，在与新材料（例如铺装的细节）结合后，成为园区内的一座记忆花园。而场地内原生长着的一棵老广玉兰，在项目建造期间被移至苗圃养护，并在项目建成后再移栽回来，既保留了历史记忆，又体现了人文情怀。

通过融入自然景观，项目还进一步消解了高层住宅所带来的逼仄感，闹中取静，在喧嚣的市中心营造出一片具有归属感的静谧之地。

对外，充分利用与黄浦江仅500m之遥的地段优势，将看向江景的视野充分纳入建筑朝向与布局；对内，以上海花园别墅为蓝本，打造建筑与花园交错排布的格局，让人们徜徉在连续的花园之中。再加上架空层与风雨连廊的引入，不仅打破了室内外的边界，更是让建筑、室内、景观得以相互渗透，实现了居住与自然空间的惬意融合。

绿色沁润生活，朝阳理想人居

北京沁园，北京

项目名称 北京沁园
项目地点 北京
建筑设计 line+建筑事务所
总包单位 北京城建一建设发展有限公司
用地面积 约8.5万㎡
总建筑面积 约34.1万㎡
开工时间 2021年08月
竣工时间 在建
荣誉奖项 美国MUSE设计奖景观设计类铂金奖、全国人居·筑景建筑景观规划设计创、园冶杯地产园林奖方案类金奖

绿色低碳标杆

2021年，北京提出了“高标准住宅”的要求，即规划建筑设计要通过对景观、交通、单体建筑等要素的全盘考量，促进社区与城市的呼应；建筑品质要综合体现绿色建筑、装配式建筑、健康建筑和超低能耗四项技术，全面执行三星级绿建标准。北京沁园作为首批高标准商品住宅项目，在设计阶段就将智慧住宅、智创办公、商业MALL、社区配套、幼儿教育、邻里共享空间等六大要素融合统筹。项目涵盖住宅、商业、写字楼、幼儿园等不同业态与设施，并细心捕捉城市地标建筑韵律之美，对高品质做出了全新的诠释。

开放活力街区

整体规划上，项目参照“小街区、窄马路、密路网”的布局理念，还进一步跳脱“围墙思维”，在保障私密与安全的同时，兼顾适度的开放性与公共性。对外，西南侧的商业公共空间面向城市与公众开放，依托城市客厅、公共图书馆、多元办公、智慧运营、运动餐饮等多元业态空间，为城市提供综合服务；对内，设计通过内向型楼座排布形成天然的“小围合”，以丰富多样的混合型新零售满足周边居民的品质生活需求。

装配式与户型创新

设计上，项目以高低结合的建筑形体变化与纤细时尚的整体造型，形成了具有高识别度的地标建筑群落。建筑立面强调现代、纤薄，采用太空灰色系的大面积玻璃搭配铝板，完成了对城市公共界面及天际形态的整体性塑造。考虑到绿色环保、施工速度与材料性能，项目还大面积应用了装配式工艺。此外，项目亦针对户型进行了创新，着重强调室内空间的可变生长，让空间设置匹配家庭结构的变化，也为“90后”“95后”年轻业主提供更多自创的可能性，陪伴他们“成长”。

1. 整体鸟瞰效果图

灵感与艺术交融的“太空灰”

杭州沁园，浙江

1

2

项目名称 杭州沁园
项目地点 浙江，杭州
建筑设计 浙江绿城六和建筑设计有限公司
总包单位 浙江振丰建设有限公司
用地面积 约3.2万m^2
总建筑面积 约11.5万m^2
开工时间 2017年07月
竣工时间 2020年08月
奖项 A&D Trophy Awards国际优秀奖、A&D China Awards建筑设计大奖、SBID最佳室内设计大奖

1. 景观景墙
2. 高层建筑立面细部
3. 建筑立面

位于杭州繁华城西，城市商业综合体繁花环簇，在此波澜水岸与都市之心的融汇处，作为绿城都市灵感作品，杭州沁园创造出一方足以超越建筑本身的诗意栖息场域。

动静张弛，如诗美好

整体空间规划中，强调中心庭院与组团庭院的有效结合与过渡，营造一个整体式的公园化城市社区。住宅组团注重围合与收放的院落空间，从社区公共界面到组团之间再到组团内部，形成了三个层次的围合空间，强化社区环境的领域感和归属感。为了让社区更好地与城市自然相统一，绿城改造了沿河景观，打造出一条约300m的沿河归家步道，让喧嚣城市的归家之路，从园区之外即拥有了连续无间断的沉浸体验。

繁华自然，亲密为邻

周边得天独厚的景观资源是整个项目的重要考虑要素，在建筑设计中把室内生活空间与景观完美融合。高层因沿街，建筑南向视野开阔，采用了大开间阳台及开阔边厅的设计。多层区为最大化契合当代人的生活习惯，打造成多元方厅。通过方厅可塑性极强的空间潜力和宽广视角的大阳台激活居家生活。多元的功能设置匹配住户不同阶段对功能的不同需求，灵活可变的流线和空间也能最大化适应不同人群的需求和偏好。

光明静谧，轻盈相遇

沁园采用了极简公建化风格，立足几何美学与精工细作，呈现与周边建筑和而不同的气质。消除进深感的同时，削弱建筑外观原本具有的前后关系，加强对建筑表层细节和材质触感的表达，通过精细化细节设计，结合大面积的落地玻璃窗和玻璃栏板，形成优雅的建筑气质，以扁平化（Superflat）的理念，体现出一种与传统建筑不同的轻盈感。

3

奉化江畔，亲水而居

宁波晓风印月，浙江

项目名称 宁波晓风印月

项目地点 浙江，宁波

建筑设计 浙江绿城建筑设计有限公司

总包单位 宁波市建设集团股份有限公司

用地面积 约5.0万m^2

总建筑面积 约17.3万m^2

开工时间 2020年01月

竣工时间 在建

荣誉奖项 克而瑞“2020上半年浙江十大高端产品”

1

1. 宁波城市肌理与奉化江鸟瞰
2. 施工中园区，拍摄于 2022 年 07 月

宁波晓风印月位于宁波海曙区东南部，地块东临奉化江，视野平远，江景一览无余；与宁波八大历史街区之一的“南塘老街”相距仅几百米。在这里，新与旧融合共生，形成“老中见新、新中见韵”的多面精彩与独特韵味。

错落布局下的极致江景

亲水而居是人类的共性，也是绿城水岸系的出发点。设计提出“融入江、享受江、成就江”的理念，极尽运用资源，呼应天然的景致。园区规划采用非对称设计，中大户型置于东侧，小户型置于西侧，通过旋转楼体角度及错缝设置，最大化地引入江景；户型亦采用不对称设计，打造270°沿江侧厅与L形阳台，让业主能最大程度地享受江景。

同时，园区内11栋建筑均采用高低错落的瞰江设计，犹如江潮的律动，既满足天际线变化，也避免高层给城市景观带来压迫感。建筑的立面也将不对称的设计理念发挥到极致，横向V形层间线条与竖向通高线条交汇并延伸，在奉化江边展现出自由、舒展的独特姿态。

滨水与社区串联共生

规划基于复合的城市单元开发理念，将社区、公园、滨江等多元空间相互契合，形成从城市空间到生态绿地的过渡。一条公共绿廊从居住园区与幼儿园地块间穿过，并与滨江绿化带自然衔接，进一步消解了人与江的边界感。

景观空间的营造上，园区回归土地临江的特质本身，其主轴与城市滨江公园带形成穿透与互动。同时，设计引入滨水风貌切面，将风、云、江、岸、岛等元素投射、植入，赋予身体与心灵诗意的栖居之所——中庭大草坪四周，布置有泳池、儿童活动场地、夜光跑道、社交庭院等空间，营造出充满活力、适合全龄段的生活场景。

月色印甬江，江与城的相逢

宁波春月江澜，浙江

项目名称	宁波春月江澜
项目地点	浙江，宁波
建筑设计	浙江绿城建筑设计有限公司
总包单位	宁波市建设集团股份有限公司、浙江新中源建设有限公司
用地面积	约6.6万㎡
总建筑面积	约20.3万㎡
开工时间	2020年06月
竣工时间	在建

1

1. 施工中园区，拍摄于 2022 年 07 月
2. 施工中建筑，拍摄于 2022 年 07 月
3. 施工中建筑细部，拍摄于 2022 年 07 月

宁波春月江澜落址于东部新城发展主脉上，突破了绿城传统江岸住宅产品的单业态模式，规划住宅、商业、办公等多元复合业态。

功能复合多元社区

整体规划沿江布置连续商业界面，试图通过创造多样化的生活场景，打造“春风里”的商业街。在商业街裙房上，6栋名为“月映台”的玻璃幕墙办公塔楼次第排开。这里设置了建筑面积约400m^{2}大平层商务会所。商业街后方地块规划住宅区“江与澜”，包括了6栋高层、12栋洋房，错落分布，最大间距可达40m，形成尺度适宜的住区空间。项目建筑群在垂直江岸方向，基本按照由低到高布置，勾勒出富有韵律感的天际线。

暖色回归，优美曲线

宁波春月江澜回归暖色系的立面风格，施工中的立面已经初步呈现出曲线优美之感，建筑富有柔和的体形变化。沿江商业街裙房层层退台，强调横向水平弧线，办公塔楼采用了弧形倒角形式的玻璃幕墙。住宅立面采用框套造型，在常见的窗墙体系之外，立面结构通过金色铝板套框加强了层次感，提高了识别度。看似细微的仿铜包边，提高了建筑整体的光泽感。

自然生长的空间
长沙明月江南，湖南

项目名称	长沙明月江南
项目地点	湖南，长沙
建筑设计	line+建筑事务所
总包单位	宏林建设工程集团有限公司
用地面积	约7.2万m^2
总建筑面积	约21.8万m^2
开工时间	2021年04月
竣工时间	在建
荣誉奖项	美国MUSE设计奖铂金奖、伦敦杰出地产大奖铂金奖

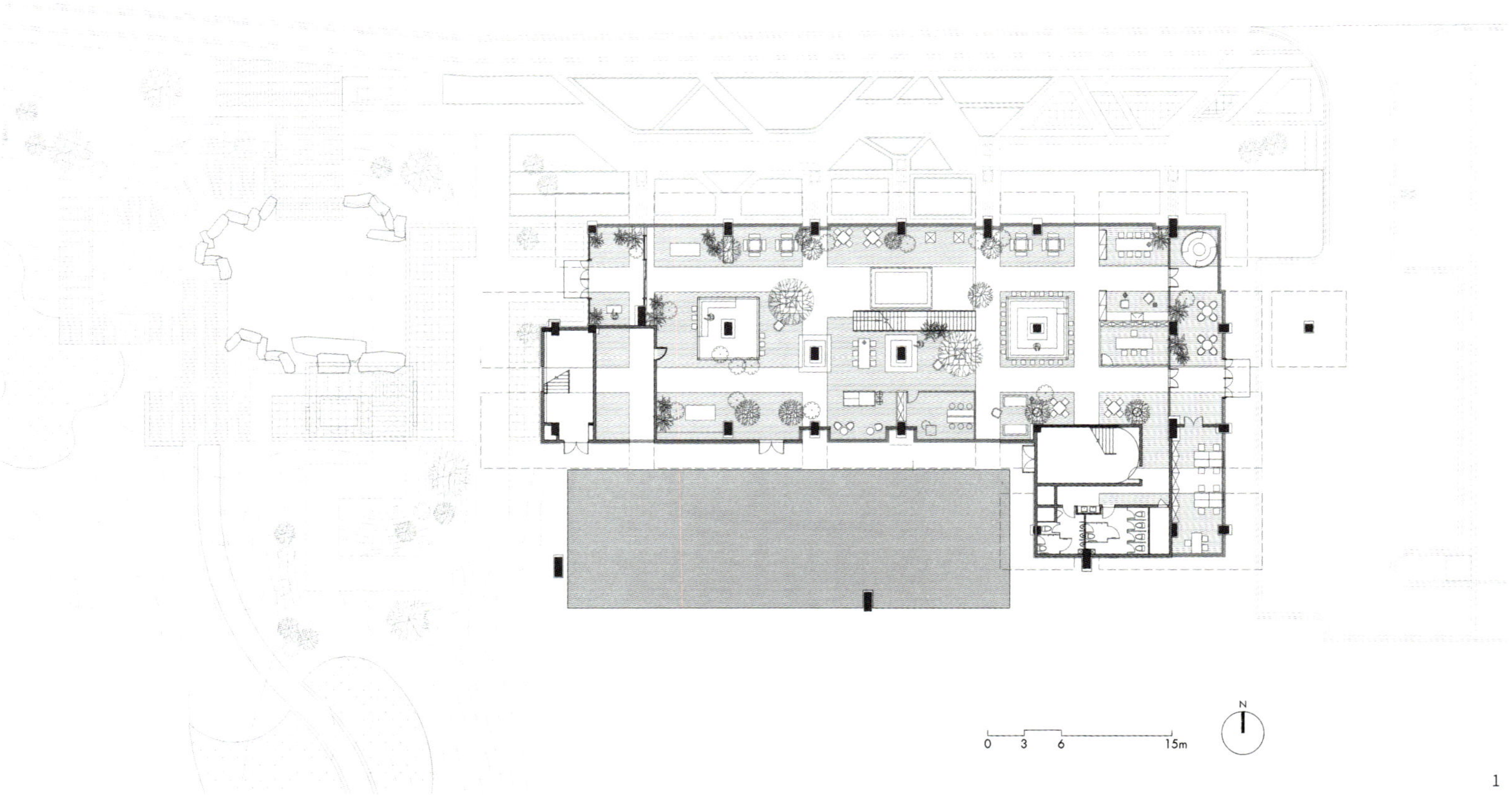

1

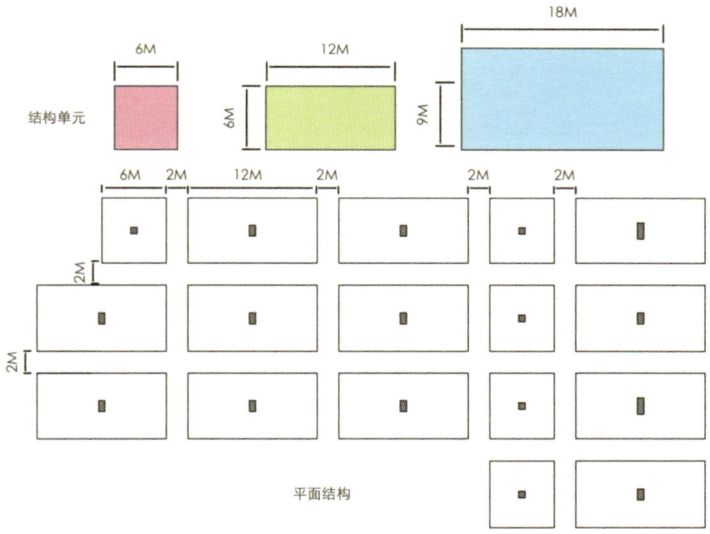

3

1. 生活美学馆平面图
2. 生活美学馆建筑夜景
3. 设计分析图

长沙明月江南项目位于长沙县松雅湖畔。项目在保留基地内原始河道的基础上，规划高层与别墅两大住宅类型。其中，生活美学馆“伞之丘”布置于园区的景观留白，着眼于“自然生态”的理念，充分利用独特的地形地貌、植物气候等特征，演绎出新颖独特的树状外形，创造了一个富有生命力，与自然融为一体的建筑。趣味性的表现手法令人眼前一亮，成为整个园区内的瞩目地标，传递出人与人、人与自然、人与自我全面和谐的美好生活愿景。

伞状化表达“森林”

本项目建筑设计的灵感取自公园树木的外形，以3m为基本模数，形成6m×6m，6m×12m，9m×18m三种尺寸的结构单元，再通过单元模块式的组合方式，将30个伞形结构单元有序地组织和排列，经由阵列的组合创造出一座“城市山丘”。每个伞型结构进行弱连接，形成层层叠叠、上下错落的效果。同时，伞面上种满了植被，以真实表达“城市森林”的理念。而在统一的空间整体秩序下，进一步通过局部的异化打破均质的状态，产生自由多变的空间秩序与场所氛围，也与大自然本身的随机性相联系。

一体化设计共生

项目将建筑外部环境、外观与室内空间作为整体进行设计，塑造出与自然共生的空间环境。推进过程中，各设计专业积极互动、立体推进，以室内外空间高度的组织连贯性，保持了建筑的原始状态，呼应了结构空间的内

4. 生活美学馆建筑
5.6. 生活美学馆室内

KYOTOFU

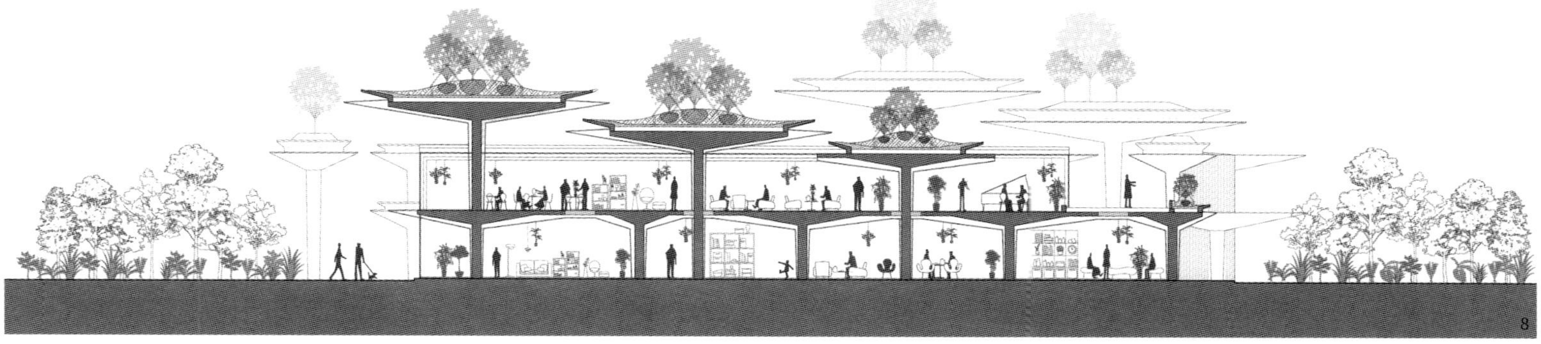

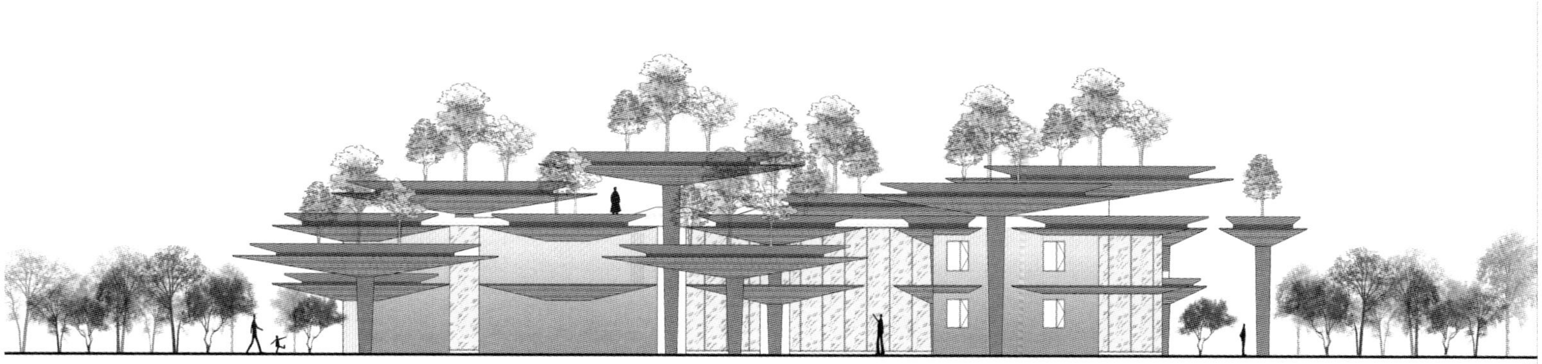

7. 生活美学馆室内
8. 建筑剖面设计图
9. 建筑立面设计图

在逻辑，营造出流动式的功能重组，即使人处室内也有投身自然密林之感。

设计实现与材料细节上，伞型结构采用了接近自然的仿木色GRC（玻璃纤维加强混凝土）挂板。为了达到层叠的水平条纹效果，设计经由计算机模拟、3D打印和实物打样等多个过程的推敲，严格控制水平纹理间距，精准控制肌理密度。而在实际的建造过程中，混凝土浇筑形成的伞状结构，在技术上为保证各单元的纹理模数，为每个伞状结构单独开模预制GRC挂板，通过分缝设计使其具备开缝展示的条件，同时规避打胶对视觉品质的负面影响。安装过程中，也对施工方法进行了重新调整，采用斜面错缝处理，大大提升了安装效率，保证了最终呈现的良好效果，让真实的肌理与自然感触手可及。

艺术化重构自然

该项目通过对空间价值的传递，回归建造的本质。设计旨在让空间和自然互为补充，唤起大家对环境的尊重，创造一个人与自然共情的体验场所。为了艺术化重构自然，根据场地的区位、高差、地势，组织变换场所的起承、收放、围合，使整体流线张弛有度，跌宕起伏，丰富了空间体验。随着建筑内外植物的不断生长，以及空间业态培育的不断成熟，这座具有创新意义的建筑展现出真正属于自己的特点。

春风潜入夜，金沙迷人眼

杭州春风金沙，浙江

前置创新 | 城市客厅

项目名称 杭州春风金沙

项目地点 浙江，杭州

建筑设计 大象建筑设计有限公司

总包单位 浙江银力建设集团有限公司

用地面积 约6.1万㎡

总建筑面积 约24.1万㎡

开工时间 2020年01月

竣工时间 在建

荣誉奖项 英国伦敦设计奖 London Design Awards住宅建筑类提名、克而瑞“2020年中国十大品质作品”、中国房地产精品项目品牌价值TOP10、REARD全球地产设计大奖

1. 施工中园区鸟瞰，拍摄于 2022 年 03 月
2. 生活美学馆建筑夜景

忆江南，最忆是杭州。

杭州春风金沙地处钱塘新区下沙新城CBD的核心板块，毗邻金沙湖南岸，距市中心直线距离15km。项目从城市客厅、多维景观、建筑美学和智联生活四大方面导入城市、社区和人的生活，并以“浓缩城市、现代江南、城市客厅、连接生活”为核心，将湖景与社区进行无界融合，把城市外围资源，变成社区生活的延展，创造出了一个内外交融的居住社区。

“前庭后园”的社区之美

如果说湖景与社区是“有形之美”，那么二者交织出的生活体验就是“无形之美”。作为绿城2019年前置创新“城市客厅”的落地项目，杭州春风金沙的规划充分承袭了绿城美学，因地制宜，把项目放入区域与城市的整体环境中统筹考虑。

项目借鉴了江南园林“前庭后院”的空间组织方式，体系化地梳理了一面湖、一条街、一方院、一个园的空间序列组织，通过“四区三重境”的递进，实现内外交融，构建起“前庭后园”的居住格局。

项目北面沿街区域推出面积约4 000m^{2}的“前庭”，既可以在前期作为售楼展示的生活美学馆，也可以在后期打造为沿街商业和城市客厅，成为连接城市与园区的公共界面，让人们在这里享受城市资源与社区配套的互融互联。

北面步行商业街的设计充分利用了面向金沙湖以及繁华的城市天际线的绝佳视野——一层的风雨连廊串联起了商业业态，保持了界面的完整性；二层商业拥有宽广湖景，预留的外摆空间为室外休闲创造了场所氛围；顶部

的公共露台同样面向金沙湖，人们可以在春风和煦的季节在此观湖品茶，一抬头便能欣赏到美丽的城市与自然景观。

园区内部与商业滨水步行空间则通过城市客厅紧密结合，古朴的东方大屋檐增强了回家的仪式感，穿过前厅，喧嚣留在身后，空间的转换帮助人们在心理上切换到归家模式。规划和景观设计还进一步将金沙湖、城市、街区、园区串连，成为一条完整的生活纽带，将内外景观最大化呈现，也使得北侧金沙湖景观和园区内部20 000m^{2}的中心花园遥相呼应。由此，业主可以通过多样化的路径轻松便捷地穿行于园区内外，来往湖边，让每一步化作诗里的风景。

现代江南的立面之美

项目的建筑设计注重传统审美的比例，以呈现现代工艺的精致。设计以“垂直的江南”为理念，充分考量立面与湖面的关系，并采用大面积玻璃材质，打造公建化立面。层间挑檐将传统披檐化身为小斜面的横向线条，既满足防火挑檐的规范要求，又营造出整体的轻盈感。商业立面的设计则体现了杭州的城市气质，以传统的坡屋顶为原型，加上整体所采用的灰色系色调，营造出与百井坊巷、清河坊这些杭州老街区同根同源的气质，又与身后的高层住宅形成了强烈的视觉高差对比，丰富了湖畔公共界面的趣味性与层次感。

推窗见湖的居室之美

轻盈的水平挑檐也让室内空间有更好的延展性，随着天光变幻的湖景“装”入阳台这幅画框，成为三时四季景不同的室内景观画。

住宅内部，侧向宽厅被设计为客餐厨一体化的空间。同时，为了让“推窗见湖”成为日常，沿湖一侧的户型创新性地引入了“北厅”概念，让人们即便身居室内也可以最大程度地欣赏到金沙湖。与之相应，卧室被全部挪至住宅南面，面向园区内部的中央公园，并配置了连通大阳台与大飘窗。当通透的视野消解了物理界限，生活与景观就能发生更浓烈的化学反应，营造出更多样化的生活场景。

3. 社区沿街面效果图

城芯智慧，全龄悦享

丽水桂语兰庭，浙江

前置创新 | 社区·芯空间

1

项目名称 丽水桂语兰庭

项目地点 浙江，丽水

建筑设计 浙江绿城六和建筑设计有限公司

总包单位 浙江荣呈建设集团有限公司、浙江耀厦控股集团有限公司

用地面积 约8.9万m^2

总建筑面积 约25.5万m^2

开工时间 2020年05月

竣工时间 在建

荣誉奖项 美国MUSE设计奖展示空间设计金奖（生活美学馆）、2021艾鼎国际设计大奖「室内空间」金奖（生活美学馆）

丽水桂语兰庭坐落于被誉为“浙江绿谷”的丽水市，地处中心城区莲都区开发北路与城北路交叉口东南侧，北侧白云山古老的植被绵延向山顶。项目占地面积89 817 m^2，其中地上共21栋17至26层高层，楼栋底层全部架空，采用风雨连廊连接，建筑外立面传承绿城“桂语系”的设计风格，不断强调迭新的都会美学，打造约180 000 m^2城市公园住区。

场所营造，古树保护

整个园区由北向南微坡地形，以中轴景观规制，串联起中央泳池、中心花园、主题庭园等各景观组团。沿袭中轴对称园林布局，南北归家礼序轴、东西翡翠景观带。并保留了地脉上的原生香樟古木，让自然与植物成为新造场所的灵魂和特质，践行绿城“营造安定美好的境界”的开发理念。

社区公共空间的温度

随受众群体需求的改变，园区规划创新运用三大“社区•芯空间”——芯港湾、芯驿站、芯归院，聚焦社区生活服务空间的升级。其中，芯港湾是传统社区主入口空间的升级。地面入院通过前场花园、地下入院通过地下大堂，以中央车站为中心空间整合归家系统，为等待车辆的业主提供一个开敞多功能复合的空间，并通过下沉社区聚落解决地下采光。配置物流中心，将物流车辆在进入园区之前引入地下，避免物流车辆在园区停放。芯驿站是传统社区次入口空间的升级。由室内社区驿站和城市驿站组成，为业主取快递提供便捷和社交休息空间。芯归院是将共享庭院、归家大堂、邻里客厅共同组成，既是对传统单位入口空间的升级，也是业主家庭生活的延伸、邻里交往的拓展。为住户呈现出多层次、全体系的生活服务场景，从关注人的基本需求到精细化需求，营造“老有所养、中有所怡、幼有所乐”的全龄生活空间。

2

3

1. 建筑立面效果图
2.3. 芯港湾社区聚院效果图

简于形，住于心

无锡宸风云庐，江苏

前置创新 | 绿色迭代

项目名称	无锡宸风云庐
项目地点	江苏，无锡
建筑设计	大象建筑设计有限公司、杭州九米建筑设计有限公司
总包单位	上海嘉实（集团）有限公司、南通市达欣工程股份有限公司
用地面积	约7.6万m^2
总建筑面积	约22.1万m^2
开工时间	2020年09月
竣工时间	在建
荣誉奖项	GBE地产设计大奖2021年度最佳地产设计大奖金奖

1

1. 建筑立面效果图
2. 建筑立面细部效果图

无锡宸风云庐源于“庐系”产品注重对传统文化和当代人居的综合考量，以“现代形·东方意”的产品气质打造“城市院子”为主题的全新系列产品。项目地处滨湖区，是一个开放式、生态型的现代化新城。在规划设计中贯穿新城设计思维，将社区生活与多元现代场景在城市尺度中融合，以现代住宅立面表情塑造新城面貌。

空间与形式的关系

整个园区分三个区域。在A、B区北侧集中布置高层住宅，在B区南侧及C区布置多层叠拼住宅，呈现南低北高的城市天际线。A、B区贯以南北中轴对称布局，序列感明确。园区内部的景观花园和各个架空层的社区客厅与活动场所共同串联起了居住区内一系列的公共空间。再结合园区内的人车分流交通体系和完善的公共服务设施，实现了园区的安全、舒适、娱乐和便捷。

绿色迭代

无锡宸风云庐整体为暖白色调，建筑造型挺拔清透而具有层次感。通过“绿色叠代”创新，研究叠墅、洋房、高层立面风格。高层住宅采用三段式设计，外墙以浅色石材为基座、主楼以深灰的金属水平线条结合暖白色真石漆墙面为主要设计语言。多层叠拼住宅大面积由金属幕墙与玻璃组合，以最大南向约74%的窗墙比消融室内外的界限，阐述了东方意、现代形的Tress Villa。其中，C区“云隐”组团叠墅迭代焕新成“2+2+3”的7层叠墅产品，从楼层改变、结构关系以及庭院空间的三方面创新设计，打造立体生态居所。叠拼上叠采用了创新退台设计，五至七3层为上叠，六七层进行了局部退台，南侧形成了一定的两层通高露台，可承载一定的家庭活动，营造叠墅氛围。

南沙的水岸生活

广州晓风印月，广东

前置创新 | 花园式办公

项目名称	广州晓风印月
项目地点	广东，广州
建筑设计	大象建筑设计有限公司
总包单位	陕西建工第五建设集团有限公司
用地面积	约4.0万㎡
总建筑面积	约12.7万㎡
开工时间	2020年03月
竣工时间	在建
荣誉奖项	金盘奖年度最佳售楼空间

1

2

1. 示范区远眺城市滨水景观
2. 示范区建筑立面

在宝贵滨水景观资源与繁华都市资源交汇的南沙区明珠湾灵山岛尖，广州晓风印月将完成绿城滨水豪宅的经典传承和自我超越，重新定义南沙滨水人居天际线。以绿轴生态商办、滨水独栋商办塑造商办新生态、城市商业生活街区，为业主带来一站式绿城生活体验。

滨江标杆岛居

住区建筑布局南高北低，以大尺度庭院为中心进行四面围合，格局上采用大开大合的庭院聚落，延续绿城“中轴对称、序列感”的园林美学风格。采用由北向南逐渐升高的阶梯式设计，最大程度减少因建筑高度造成的江景遮挡。沿江住宅采用北厅设计，户型设计上采用大面宽、浅进深，使得一线江景一览无余；其余高层每间户型均能获得最大化均衡的景观视野，户型功能空间采取精细化设计，动静合理分区，充分满足现代居住空间的审美和需求；对外构成简洁连续的城市界面，沿街底层则作为商业功能使用。延续绿城儒雅内敛的气质，景观设计融入岭南温婉细腻的特质，以克制的极简手法，塑造出前场、内院、后场三重空间序列，展现淡泊雅致、宁静美好的生活美学。

“花园式”办公园区

商办建筑提出“花园办公”的设计理念，将办公空间与景观空间紧密融合，营造更为自然健康、绿色生态的办公方式，致力于实现生态、共享、灵活可变的办公空间。通过在“灵活可变”的办公单元中植入“共享空间”“垂直绿化”的手法，使办公中的交流有更多场所，打破传统商办设计的局限性。

立体式轻生活住区

义乌晓风印月，浙江

前置创新 | 创新立面

1

项目名称 义乌晓风印月
项目地点 浙江，义乌
建筑设计 杭州九米建筑设计有限公司
总包单位 浙江宝华投资集团有限公司
用地面积 约2.2万㎡
总建筑面积 约10.8万㎡
开工时间 2020年08月
竣工时间 在建

义乌晓风印月坐落于义乌国际商贸城旁，距离义乌江畔直线距离仅约300m，打造绿城首个立体都会式住区——HIGH LINE高线住区。从杭州、宁波到义乌，晓风印月以“中心+水岸”的择址观，将中心级精华资源集萃于一身，满足居住者全新的“都会轻自然生活”需求。

立体式双首层

在社区规划中，住区从绿城惯有的尊重土地属性特质出发，基于义乌晓风印月“新月”形地块的“轻薄”属性，以及遵循义乌特有的“下商上居”习惯，将商业与居住、城市车道与归家动线、景观体系与社区空间等生活场景浓缩，打造向上生长、向外延展的无界生活场景。

“空中花园”上的住宅

义乌晓风印月创新采用双首层入户设计，主入口打造约10m超高架空层，并于HIGH LINE住区演绎“空中花园”式立体景观，以高低分层的丰富绿色维度，婉转有序的归家动线，带来赏心悦目的城市景观新体验。通过“创新立面”勾勒简约横线条作为点睛之笔，与大面积玻璃相映衬，成为建筑美学的多层次升华，大幅度提高了住宅的面宽，为人们提供非常开阔的室内视野。

1. 园区内效果图
2. 社区沿街面效果图

2

山水无界，望橘子洲头

长沙凤起麓鸣，湖南

前置创新 | 无界公寓

项目名称	长沙凤起麓鸣
项目地点	湖南，长沙
建筑设计	line+建筑事务所
总包单位	新疆苏中建设工程有限公司
用地面积	约6.6万m^2
总建筑面积	约26.5万m^2
开工时间	设计中，计划2022年06月
竣工时间	在建筹备

以无界，致未来

长沙凤起麓鸣位于南湖新城，西侧正对一线湘江，景观视野上佳，是市中心较为稀缺的临江商住地，将成为打造湘江天际线的新成员。长沙凤起麓鸣是绿城首个提出“无界公寓”的高层住宅作品，从空间无界、视野无界、造型无界、社区无界等多个维度引领高品质人居环境。

空间无界，视野无界

通过设计分析， 让户型与楼栋位置相匹配，定制化的“全景窗”户型实现了户户瞰江的景观视野最优化。空中花园和“X阳台”的导入，使得自然和生活浑然交织。立面则延续无界公寓的核心理念，采取圆角全面屏，在无界结构体系悬挑模式的支撑下，室内外视野极致通透，银灰色金属质感的立面线条尽显简约大气之感。

造型无界，社区无界

园区尽可能减少架空层结构构件的落地，获得更大的底层空间自由度。以极致通透的约4.5~6m层高底层架空空间，让社区中心的超级森林公园景观无界地渗透到建筑的底层和灰空间之中，生活、仪式、自然、邻里社交无界交融在一起。空中的观江阁作为业主私享的空中会所，为高区住户无界的自然体验和社交场景。

1. 社区沿街面效果图
2. 架空层效果图

繁华无界，享双塔之心

昆明凤起兰庭，云南

前置创新 | 无界公寓

1

项目名称 昆明凤起兰庭
项目地点 云南，昆明
建筑设计 line+建筑事务所
总包单位 重庆渝发建设有限公司
用地面积 约4.8万㎡
总建筑面积 约25.8万㎡
开工时间 设计中，计划2022年04月
竣工时间 在建筹备

1. 建筑立面效果图
2. 建筑单体效果图

昆明凤起兰庭是绿城TOP级产品序列“凤起系”在“春城”昆明的呈现，项目位于昆明城市综合活力发展核心区双塔片区。产品超越了住宅本身的定义，而是在现代都市的时代语境下，在住宅与城市关系的深层探讨中，实现联结与共鸣，是一次产品规划上的自我创新与超越——开放、多元、无界、时尚，呼应着昆明这座城市的精神内核。

住区与城市空间的融合

在整体规划中，沿袭绿城经典的中轴对称，中心大花园，注重社区复合功能空间规划，兼顾全龄段、全生命周期、多元化布局，着重表达生活场景和人文精神，让建筑回归生活本身，营造大气且精致的场所体验。项目商业占比较高，设计摒弃传统底商强围合的布局，打破传统住区的围合式边界，让住区与城市界面相互融合，实现“城市服务生活”。

无界公寓

昆明凤起兰庭具有得天独厚的资源环境优势，引入“无界”创新理念及“LDKS-B”空间模式，模糊室内外的界限，结合超级客厅、社交厨房、宽景阳台等复合多元化空间，以虚的空间作为建筑主角，以实体建筑作为内外空间、城市景观相互渗透的中介，营造互动、开放、可变的居住空间，创新城市生活方式。

2

城市更新

2021年3月，全国两会期间，国务院总理李克强代表国务院向十三届全人大四次会议作政府工作报告，明确提出要实施“城市更新行动”，这也是“城市更新”首次被写入政府工作报告中。这意味着，政策层面对城市更新的支持力度会越来越大。

城市更新包含着人民对未来城市建构的理想，也肩负着挖掘城市存量资源、激发区域活力、改善在地生活的重要使命。我国城市发展已经进入新阶段，这对城市高质量高品质的发展提出了更高的要求。一线城市已开启新阶段城市发展的深度探索，如上海正在全力迈向卓越全球城市，深圳正努力成为社会主义现代化强国的城市范例。

当下，绿城深入推进以人为核心的美好生活产业升级，不断为提高人民生活质量做贡献。绿城认为，每一个作品都应该尊重城市的历史与文化，传承城市的精神与文脉，融合时代的脉络与节奏，同时创造符合人们情感需求的生活。正是源于对品质的一贯坚持，绿城期望，通过积极加入城市的高质量更新，创造更多城市新名片。

推动城市高质量发展，让城市更美好

与城市共生长

国家地区间的竞争即是城市间的竞争。通过城市更新建设带动经济发展和能级提升，已是全球范围内各大城市激发自身活力、持续繁荣的重要手段之一。巴黎、纽约、东京等全球性大城市的发展过程中，都历经了好几轮的城市更新，才成为全球瞩目的都市典范。如纽约哈德逊广场、东京丸之内这样的大规模城市更新计划，更是城市传统中心区复兴与能级提升的优秀范例，在对城市历史文化的传承、土地的有效利用、城市效能的提升、社会各层面机构间的合作、生态与经济可持续的发展，以及公共利益的共享等方面，都给予了我们深刻的启发。

城市更新的当代意义

2021年，“十四五”规划提出“转变城市发展方式”，“加快推进城市更新，推动城市空间结构优化和品质提升”。不同于传统“推土机式”的城市快速扩张，城市更新着眼于现有城市边界内的迭代升级，以及以“市民需求”为核心的空间焕新，是城市核心区通过新产业、新功能、新业态导入，从而优化符合现代生活品质要求的功能载体，提高存量资源利用效率，为城市发展注入时代活力，推动城市可持续发展的渐进过程。

城市更新系统由政府引导的制度更新、规划更新、环境更新、交通更新、机构更新和市场企业主导的建筑更新、人文更新、产业更新、场景更新等组成。绿城作为理想生活综合服务商，在这场波澜壮阔的城市更新浪潮中，责无旁贷地贡献着自己的智慧与力量。

新形势下，绿城就城市更新课题开展专项研究，从新兴产业、多元空间、历史文化、复合社区多个方面进行了调研与总结，与城市更新的相关学者、专家、实践者，以及相关机构开展深度的交流。通过对上海、深圳、广州、佛山、昆明等城市更新实践的调研，绿城不断探索更具人文、品质、活力与可持续性的城市更新策略。目前，绿城已落地上海弘安里、深圳荔园等多个项目，开启了美好生活的新模式。

激发城市空间新的生命力

城市空间是生态、生产与生活的载体，是城市的核心资产。城市更新赋予城市不同功能空间升级的机遇，是区域价值提升的重要驱动力。

通过复合化城市功能空间，适应社群的综合性需求，改变传统空间的单一性，实现多样平衡业态对全龄阶段多元消费层级的满足，契合时代发展需要。同时，通过建筑规划的营造手法，进一步拓展城市公共空间，提升连通性与多样性，并赋予其地方特色，从而为城市空间注入公共性、开放性与活力，也让市民参与城市进程，让人们对于生活的热爱融入城市空间，进一步激发城市的潜能。

传承与复兴城市的文化遗产

城市的历史文化是有生命力的，这种生命力应倾注于城市更新项目的方方面面，不应仅仅停留在单一的文化符号展示，而应基于文化积淀，结合新时期的城市发展使命，将城市的记忆延续导向未

1. 上海弘安里项目效果图

来。研究提出，应从建筑、街区、城市的不同层次提取、把握和传承城市记忆，从空间、场所、时间等不同维度来看待历史与文化的演变，升级城市有机空间，进而更有效地赋能历史的时间价值，兑现文脉的未来价值。

是否承载了城市所积淀的历史文化，是否实现了有关未来城市的愿景，是否与生活其间的人们产生情感共鸣，是否唤起公众对美好生活的向往……都是绿城着眼的创新关键，也是从“房产品”向“经典作品”转变的基石。

提升城市核心的在地国际化

国际化的时代认同感和在地化的城市归属感是城市发展内在动力的两大核心要素，也是城市自身气质的两大评价维度。城市更新不再仅仅是新城开发中的物理载体建造，而更饱含开放、共享、共建为理念的城市内核打磨，其本质是不同城市之美的当代重塑。

保留利用既有建筑、保持老城格局尺度、延续城市特色风貌、融入当地生活方式是属地化城市焕新的现代转译。导入先进产业、满足多元活跃需求、打造复合功能空间、引领现代化生活方式是国际化时代认同感的在地表达。

只有深刻洞察城市肌理形成的原因与功能特征，才能准确把握其精神内核，跳脱徒有其形的刻板模仿，真正把握城市的脉搏，在历史、现代与未来中找到平衡——做有故事的社区、有温度的住宅、有气质的建筑、有内涵的生活。

当建筑美、空间美与文化美被人感知，将唤起城市的记忆与公共情感的共鸣，实现群体意识的统一，进而焕发城市独有的气质。

绿城将结合自身战略规划，从企业责任感和理想人文主义出发，秉持对产品和美的追求，以产业赋能，深入参与可持续的城市更新中，为提升城市竞争力，建设高品质城市生活贡献力量。

复里弄之魂，享精致生活

上海弘安里项目，上海

项目名称	上海弘安里项目
项目地点	上海
建筑设计	大象建筑设计有限公司
总包单位	上海公路桥梁(集团)有限公司
用地面积	约3.7万m²
总建筑面积	约9.5万m²
开工时间	设计中，计划2022年08月
竣工时间	在建筹备

1

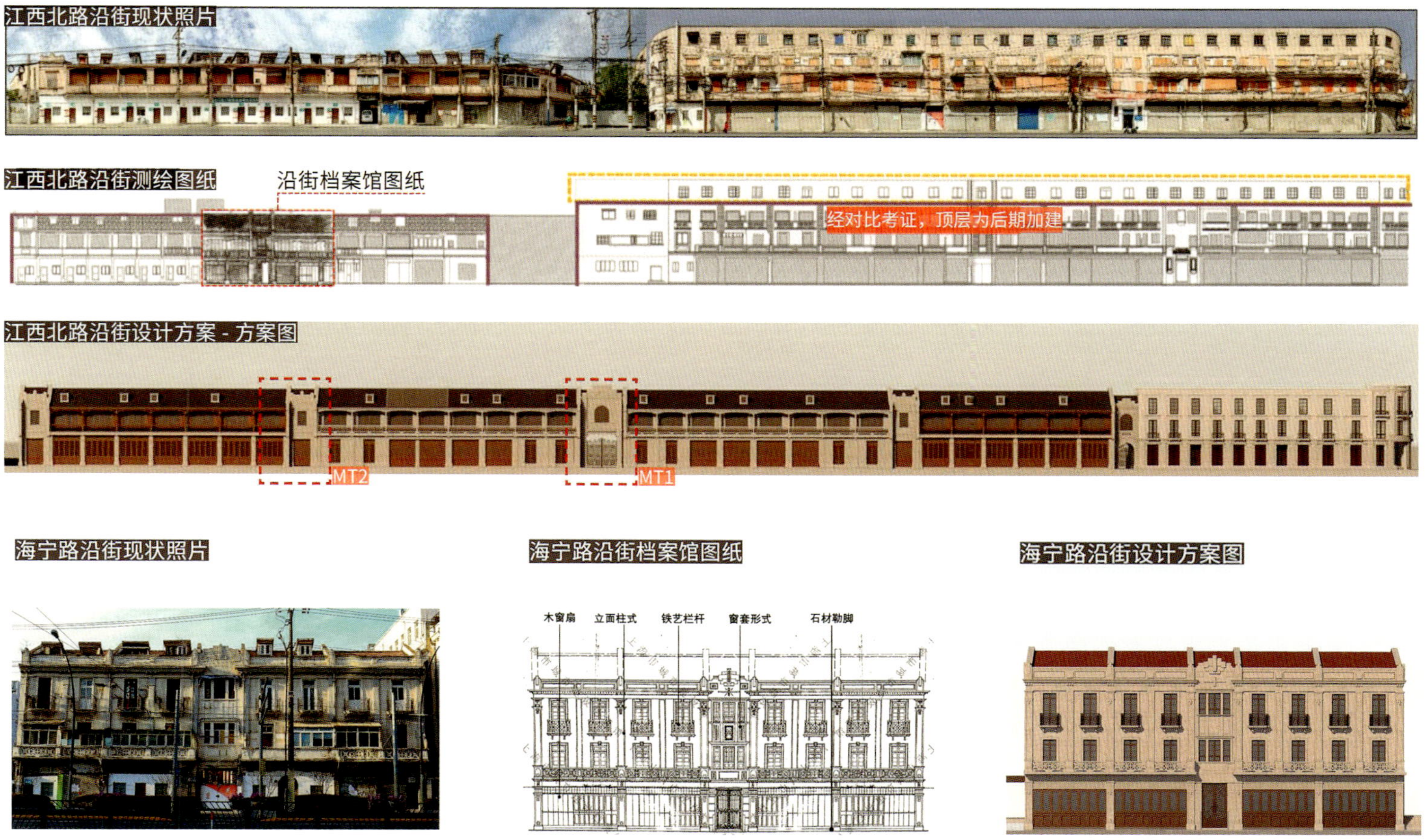

2

1. 基地原状鸟瞰
2. 沿街面原状、档案图纸与方案草图的对比示意图

《上海市城市总体规划（2017—2035年）》中提出，上海市将实现建设用地总量零增长，自此上海城市发展亦转入以存量更新为主的发展阶段。2021年，上海发布《上海城市更新条例》，秉持“人民城市人民建，人民城市为人民”的重要理念，上海正加快探索超大城市有机更新的新路径、新模式、新经验，更好地顺应人们对美好生活的向往。上海弘安里正是基于这一更新背景下的旧改项目。

弘安里隶属于上海市虹口区，地处北外滩的门户位置，毗邻静安区，距离外滩仅1.5km。作为上海典型的石库门里弄，17街坊内的房屋大多为建造于1912—1936年的砖木结构。由于建造年代久远，房屋存在很大的安全隐患，居民对于旧改的呼声愈发强烈。2020年，17街坊作为上海市地产集团与虹口区合作改造的首个旧改项目，也是“市区联合、政企合作”的旧改试点，完成了征收，进入了更新再开发阶段。

留存街巷肌理

因地块“历史风貌街区”的特殊属性，项目力图以分级保护的方式留住风貌肌理，向史而新，延续上海文脉，并建设成为中心城区成规模的现代石库门建筑群。整体规划旨在沿袭“总弄—支弄”的里弄空间肌理。其中，总弄宽度4~8m，支弄宽度3~4m。再加上基地范围内有地铁从下方穿行而过，沿街以及内部建筑必须按檐口高度控制，均不超过10m。因此，整个地块内的建筑群均保持了低层高密度的里弄空间格局，以2层建筑为主，并采用行列式进行排布。新建住宅集中于内部，而沿街面的建筑则留作商业，并以规划保留或拆除复建的方式予以更新，既保留了地块内的历史风貌特征，也延续了道路历史空间尺度。

3. 园区内效果图

3

4

5

4. 里弄效果图
5. 园区内效果图
6. 园区沿街面效果图

复原历史细节

对地块内的保留历史建筑，项目将采用更新改造的方式，在原址予以落架复建，并延续原建筑的主要立面、体量和风格，尽可能多地使用原构件和原材料。其中，江西北路的沿街建筑，基于“上宅下铺”的形式，参考历史图纸将过街楼与立面形式予以恢复，以营造连贯有序的社区界面，提升城市形象。此外，复建过程还将对地块内的核心历史元素、保护部位及构建予以重点关注。例如，海宁路沿街的3层立面，包括山花、门窗、阳台栏杆、柱式在内的建筑细部，均依据档案馆图纸进行还原，同时结合公共绿地，进一步激活城市空间。

置入庭院景观

在保留主要巷弄关系的同时，整个项目也将未来居民的生活体验感充分纳入考虑范畴。在基地内部，沿主弄布置有纵向与横向两条景观主轴，再搭配支弄上的次级景观轴线，在高密度的组团肌理中，通过与不同层级街巷的巧妙结合，将一系列错落有致的景观节点置入其中，不仅改善了原有空间的单调感，还美化了社区环境，营造出极具氛围感的归家体验。此外，设计对住宅部分的建筑构造、户型也进行了一定程度的优化，引入了地下室、户内庭院等更贴合现代人生活的空间元素；而地块东南侧的空地也保留作为公共绿地，大幅提升了整体的居住环境，深化了项目与周边街区的关系。

多元混合的岭南市井特色

深圳桂语兰庭，广东

项目名称 深圳桂语兰庭
项目地点 广东，深圳
建筑设计 大象建筑设计有限公司
总包单位 浙江坤兴建设有限公司
用地面积 约3.4万㎡
总建筑面积 约31.9万㎡
开工时间 设计中，计划2022年01月
竣工时间 在建筹备

经过几十年的探索，如今的深圳已经进入了城市更新的新阶段。2009年，深圳施行《深圳市城市更新办法》，又于2012年颁布《深圳市城市更新办法实施细则》，从“法规—政策—技术标准—操作”四个层面完善和细化，以全面推进更新工作制度化、常态化发展。

深圳桂语兰庭隶属于深圳市光明街道荔园片区，紧邻地铁6号线光明大街站，东北侧临近翠湖公园，交通便利、景观良好。基地范围内的原有建筑主要为工业厂房，在纳入《2017年深圳市光明新区城市更新单元计划第一批计划》后，开始了旧改计划。全新规划包含6栋住宅、2栋人才房（可售）、1栋人才房（政府回购）、1所幼儿园，以及配套公共服务设施和商业设施。

1

整体规划设计

整个项目基地由位于文翠街两侧的一大一小两个地块组成，虽然包括两个地块，但是在开发过程中采取了统一规划、统一设计的模式，以加强城市空间的整体性，塑造大气连贯的对外形象。为了最大化利用现有的土地与

1. 项目区位与城市肌理
2. 建筑沿街面效果图

2

CHANEL
ESTEE
LAUDER
SUAREZ
VERSACE

3.4.5. 沿街面效果图

景观资源，项目整体规划尽可能顺应地形，按南高北低的态势对建筑进行排布，让更多的住户享受到北侧的公园景观。同时，规划也自然而然地形成了东西两个建筑组团，共同围合出大尺度的中心庭院。东面组团以平行的方式布置，形成了一条纵向的城市轴线，并通过文翠街上的公共连廊将两个地块的绿地串联在了一起，形成了一条横向的景观绿轴。由此，一横一纵两条轴线，既串联起了9栋塔楼与各个景观空间，并通过风雨连廊营造了温馨的归家体验，又将两个地块捏合为一个有机的整体。

塑造城市界面

面对基地本身高容积率、商住混合的用地条件，该项目旨在探索一种全新的商业—住宅布局关系，打造一处具有烟火气，传承岭南市井特征的商住混合超高层社区。对外，社区商业参考了骑楼的形式，沿公共街道连续布置商铺，并顺势局部地向内退让，形成两个内凹的口袋广场。这一举措一方面打破了城市界面的单调感，提升了沿街面的整体形象;另一方面为居民提供了更多的公共空间。对内，建筑的整体风貌营造也以打造平整、公建化的立面为核心理念。

GIORGIO

6. 建筑立面效果图
7. 入口空间效果图

营造在地社区

在各个细节和维度上，建筑设计都充分考虑了亚热带气候的在地性特点。建筑立面采用玻璃与铝板的搭配组合，重点强调横向线条，整体呈现出轻盈、通透的感觉；塔楼顶部则采用暖色系的穿孔金属板，以突出塔冠的标志性。在园区内部流线的规划上，设计更是创造性地提出了“双首层”的概念——住户除了通过一层大堂入户，可以向上进入花园层，再经由风雨连廊入户。层层递进的空间感受，为住户打造出一条具有仪式感的归家之路。

搭配景观轴线上散布的口袋公园，以及泳池、儿童游乐场、活力草坪、跑道、球场、水景等一系列功能性元素的置入，该项目为各年龄段的居民提供了游乐、休憩、健身的场所，通过关注不同群体细微的生活需求，勾勒出一个全龄化的健康社区雏形。

从一纸蓝图到人间烟火

当前社会，科技日新月异，数字化生存成为主旋律。同时，全球化加速城市化，城市发展模式从更多、更大转向城市有机更新。我国进入高质量发展的新发展阶段，城市发展也迈进精细化、人性化的新阶段，要求转变工作重心和发展理念，从关注增量空间的扩张转向关注存量空间的品质提升，从关注“物”的快速增长转向关注“人”的全面发展。社区是城市治理和居民生活的基本单元，也是城市高品质发展的重要空间载体。“未来社区”是以满足“社区居民对美好生活的向往”为核心的新型城市功能单元，以构建“社区全生活服务链”带动城市高质量发展的集成系统平台。

城镇进化

中国新型城镇化进入关键10年，既要解决40年“摊大饼”导致的土地财政、旧城衰退、环境恶化和阶层固化等问题，又要为新增的2亿城镇人口谋求发展空间。伴随产业回流和人口重构，社区成为产业和人口的重要空间载体，以及串联城市不同功能模块的高效介质。

2019年，浙江省在全国率先提出未来社区试点建设；2021年，中国实现全面小康社会，启动城市更新行动，设立浙江共同富裕示范区。至此，对未来社区的探索和研究越来越受到各界的重视，在高质量发展建设共同富裕示范区的时代使命下，未来社区被赋予更多的内涵和更高的要求。

2022年，未来社区创建三年行动计划从谋划设计期进入全面建设期，已形成省市县三级政府联动的政府专班化运作机制、三级土地联动的投建管运一体化片区开发模式。通过“限双价、竞运营”，实施地价房价双控，实行土地“带方案”公开出让，通过履约监管协议固化“三化九场景”落地要求，使房地产从传统的拿地卖房“一锤子买卖”的短期暴利，向可持续运营的长期营利模式转变。

理想绿城

人类创造的城市文明，也在重塑人类文明。中国是一个人情社会，存在一种“道统”文化体系，追求国富民强、天下为公的大同社会。

绿城定位理想生活综合服务商，以“大同理想”引领美好人居。截至2021年9月，绿城已开发7个、代建5个、参与几十个未来社区试点项目，成为政府最大服务商之一。绿城的引领地位，源于对理想小镇的追求与实践。比如，2008年绿城开发舟山长峙岛，将一个区域相对独立的海岛建成世外桃源。2021年，舟山如心小镇也获批成为第三批试点项目，同期获批的已交付社区有大型社区翡翠城和采用TOD开发模式杨柳郡青年社区。

未来社区的首要任务是给城市带来未来，通过优化人口结构和产业结构推动高质量发展，提升城市空间资产价值，带动城市经济转型升级。这不是城市设计秀，也不是“拍地+招商”的资本竞争。

绿城中国研发设计中心联动浙西区域集团产品中心，取法其上，潜心研究，搭建“全龄全能全周期”的未来社区模型，涵盖公共管理服务、产业发展、空间规划、生态环境、地域文化、人口结构等城市生态因子。

绿城首先站在城市群角度，研究城市发展规律，科学筹划社会资本，兼顾社会效益和客户价值，实现公平正义和共同富裕。通过读城、看区、相地调研评估和发展预测，进行产业、空间和运营发展规划。绿城的未来社区模型包含五个维度：

一是一颗初心，以商业模式运营的社会公益事业。绿城投身保障房、教育、医疗、养老、环保等社会公益事业，帮助弱势群体和低收入者走向共同富裕。

二是两种使命，兼顾社会效益和客户价值。绿城积极参与城市共建，既减轻政府资金压力，又提

1. 衢州礼贤未来社区方案效果图

升空间资产价值，为新、老居民带来“生活的希望和勇气”，为城市注入生机。

三是三大板块，保障投建管运一体化片区开发，包括重资产投资开发，轻资产代建管理和“绿城+”运营管理。

四是4S服务，提供理想生活服务。绿城一直主张的“造生活”的理念与未来社区“造社区”的理念不谋而合，具体涵盖核心价值、社会保障、生活配套和生活服务4项服务。

五是五类体系，保障城市高质量发展。绿城通过27年的精益积累和经验，建立起包括高品质产品、高水平设计、高规格技术、高标准建设和高集成产业五类体系，保障城市高效、高质量建设。

绿城坚持“先谋城、后谋村”的规划理念。“以‘人’作为支撑的开发基点，需要站在国际化的视角，基于人类学，展望未来的50~100年做区域规划。”

绿城秉持“有历史的城市，有温度的社区”的开发理念，为城市注入温度。现代城市形象是一种集体意识和公众认同，未来社区建设要兼顾城市运营效率、历史文化和生态环境，系统性思考，整体性规划。既满足时代使命，又满足人民需求，进行可持续性建设。以人流为切入点使低效片区和高效TOD组合，打造5分钟、10分钟、15分钟社区生活圈。如，衢州礼贤未来社区因在运营、模式、文化等诸多方面实现创新突破，种种领先于时代的举措，最终如百川入海，与“未来社区”九大场景一一对应,已入选浙江省首批未来社区创建试点项目、首批联合国可持续社区标准试点项目，为绿城赢得了一个全新的时代机遇。

未来展望

浙江省未来社区政策仍然处于实践阶段，已充分彰显中国模式的制度优势，展示了浙江省政府的政策创新和城市治理能力。作为一种以点带面的城市更新范式，未来社区受双循环政策驱动，具备城市规模支撑，满足政、企、民三方述求，无论形式如何，必将成为继特色小镇之后的又一次造城运动。

绿城立足城市长远发展，进行顶层设计，谋定而后动：进行科学发展规划和空间规划，建立机制和保障措施，鼓励居民广泛参与，提供公平的公共服务和设施，建立透明高效的区域管理模式，形成完备、开放、高质量的产业链生态系统。未来社区不是终点，只是起点。绿城以诚筑城，砥砺前行，领航神州大地未来的美好希望和理想生活。

山海之间，美好如心所愿

舟山如心小镇，浙江

项目名称 舟山如心小镇

项目地点 浙江，舟山

规划设计 英国JTP设计公司、上海济景设计公司

建筑设计 浙江绿城建筑设计公司、大象建筑设计公司、杭州九米建筑设计公司、上海丁周设计公司

总包单位 浙江舟山广宇建设有限公司、浙江万恒建设有限公司、浙江银誉建设工程有限公司、浙江隆鑫建设有限公司、恒尊集团有限公司、辉迈建设集团有限公司

用地面积 约400万m^2

总建筑面积 约200万m^2（地上）

开工时间 2009年12月

竣工时间 颂柳园，在建；晓风印月，在建；
鸣柳园，2020年11月；育华幼儿园，2021年06月；
咏柳园，2021年10月；如心西街，2021年11月；
柳岸晓风，2021年11月；桃源里，2021年12月

荣誉奖项 美国TITAN泰坦地产大奖城市设计类铂金奖、英国OPAL伦敦杰出地产大奖建筑设计/混合用途荣誉奖、CREDAWARD地产设计大奖·中国规划设计优秀奖、GBE商业综合体大奖最佳主题特色商业综合体奖、APA亚洲不动产奖（中国区）年度轻奢住宅建筑设计项目金奖

1. 长峙岛鸟瞰

长峙岛位于舟山市临城新区，距离舟山本岛350m，彼此间通过一座新城大桥相连。自2008年启动规划设计起，如心小镇的开发、建设、运营已走过14个年头。秉持着运营前置、配套先行的理念，这座原以制盐与渔业为主的岛屿，如今已逐渐成长为一座“集商业、生活、教育、康养、旅游文化、科创、智慧于一体”的理想小镇。

2019年3月，浙江省提出建设“未来社区”概念，绿城中国积极响应，并以如心小镇为试点项目之一，开展了相关课题研究与探索。如心小镇十数年的运营探索，以及对小镇居民的深入了解，为未来社区场景的嵌入夯实了基础。与此同时，小镇对标未来社区的建设，以人本化、生态化、数字化为价值导向，力图打造涵盖邻里、教育、健康、创业、服务、治理、建筑、交通、低碳九大体系的理想小镇。2021年5月，如心小镇入选浙江省未来社区创建名单，并受到省市领导高度认可。

轴线规划与开放街区

开发之初，项目就采用了整岛开发的模式，从人的角度出发，进行通盘考虑与策划，以持续营造理想生活。项目整体规划采用了“一心、两区、三片”的布局结构——“一心”为商业中心，位于岛屿中部，是全岛最主要的商业办公中心，全岛居民的主要公共活动区域，也是长峙岛的重要门户和核心配套；“两区”指的是以新城大桥至南部海岸线这一主要景观线为轴，将居住区分成东部居住片区和西部居住片区，并按照东西居住片区相应配置

1

3

4

2. 小镇中心街景
3. 小镇中心建筑立面细部
4. 小镇中心街道细部

2

公共服务设施；“三片”为南部绿地公园休闲片区、东部浙江海洋大学片区和西部特色农居风貌片区。

如心小镇以紧凑的布局和适度的集中组团，构建了城市聚集的氛围。同时，以围合的公共中心为原点，主轴线指向湖面与绿地公园，并沿湖畔以两层的建筑体环绕水岸，形成亲切自由又充满活力的滨水商业休闲街区，将生活、商业、 休闲、体育等融合为一体，在中心广场周围营造出复合、多层次的公共空间，将自然与社区联系在了一起。

未来社区与社区治理

2020年，未来社区专家组对如心小镇进行了实地的考察和指导，对小镇未来社区建设工作给予了充分的认可和赞扬，并作出了“现实版未来社区”的高度评价。可以说，面向未来社区的“未来邻里、未来教育、未来健康、未来创业、未来建筑、未来交通、未来低碳、未来服务、未来治理”九大场景，如心小镇都已走在了深度探索的前沿。

未来邻里场景层面，小镇打造了小镇元宵节、音乐节、运动会三大IP活动，并通过小区公共空间、架空层等，为构筑未来新型邻里关系提供了可能；未来教育场景层面，小镇依托高品质全龄教育资源，构建了从幼儿到长者的“终身学习体系，提倡终生学习的态度，从而丰富人们的精神世界，拓展生活的边界；未来健康场景层面，小镇从活力运动健身、智慧健康管理、优质医疗服务、社区养老助残多个维度出发，营造全民康养的未来健康场景，同时构建“颐、乐、学、为、居”五大“长者服务”体系，提升养老领域服务；未来创业场景层面，小镇顺应未来生活与就业新趋势，孵化科创中心，落地大学生创业基地，为创业者提供创业孵化服务及平台；未来建筑场景层面，小镇创新性探索空间集约功能，规划有一个小镇中心两个邻里中心，并通过广场、街巷、建筑架空层的串连，构建开放性社区；未来交通场景层面，新城大桥的改造也已完成，大幅提升了整岛的通行能力，而小镇内的循环巴士，则连接起岛内外交通，方便小镇居民出行；未来低碳场景层面，小镇打造了人工湖香樟湖，将自然雨水进行收集再利用，同时注重分类分级循环，不定期开展绿色环保行等主题活动，树立环保氛围及意识文化；未来服务场景层面，小镇不断完善物业服务，上线一站式生活服务平台“如心App”，并打造线上线下双管家服务体系，以及步行街等商业配套，满足业主的日常需求；未来治理场景层面，小镇采取了自治共管的模式，提倡“众筹、共建、自治、分享”的理念，为充满人情味的邻里关系生长提供了发展基础，同时成立了4个兼合式党支部，实现党建引领，还引入了IOC数字管控平台，将现代智慧科技投入社区“未来治理”中。

持续建设与共同生长

如心小镇的建设还在持续。2021年，杨柳郡咏柳园、柳岸晓风两个住宅项目相继交付。与此同时，西部商业中心开街运营，落地网红市集及美食一条街，不仅完成了西部片区配套使命，也成为长峙岛及舟山市民新的“打卡点”；全新的绿城育华幼儿园落成、开园，进一步完善、提升了小镇内的教育体系；桃源里酒店开业试营业，古色古香的中式精品酒店，集住宿、餐饮、棋牌等功能于一体，不仅满足整岛轻奢休闲的需求，也为游客提供旅游度假提供更多选择；此外，如心摩天轮完成主体搭建及亮灯，成为如心小镇乃至舟山市标志性建筑，进一步提升项目知名度。

5. 小镇鸟瞰

5

一体塑文明，九景造未来

衢州礼贤未来社区，浙江

项目名称	衢州礼贤未来社区
项目地点	浙江，衢州
规划设计	浙江绿城建筑设计有限公司
建筑设计	浙江绿城建筑设计有限公司
总包单位	杭州建工集团有限责任公司、恒尊集团有限公司、浙江荣呈建设集团有限公司
用地面积	约18.1万㎡
总建筑面积	约62.4万㎡
开工时间	2020年12月
竣工时间	在建
荣誉奖项	意大利A' Design Award设计奖、环球地产设计先锋设计概念奖

1

2

3

1. 社区鸟瞰效果图
2. 建筑沿街面效果图
3. 施工中园区，拍摄于 2022 年 01 月

衢州礼贤未来社区位于衢州市柯城区衢江畔，与智慧新城隔江相望。作为浙江省首批24个未来社区试点项目之一，也作为首批联合国可持续社区标准试点项目，礼贤未来社区将成为国内外城市未来社区的标杆案例，影响并见证衢州这座千年古城未来的更迭生长。

一体模式构建

礼贤未来社区的设计、开发、运营与服务，虽由不同的机构进行，但坚持一以贯之的原则，首创“投建管运”一体化模式，共同将未来社区的理念完整落地。整体规划上，围绕“大同之城，崇德礼贤”的核心理念，落实“三化九场景”的指标要求，结合TOD系统，实现多元共享的服务体系。同时，以景观轴线整合地块内包括教育中心、健康中心在内的文化教育、医疗康养等优势资源，打造医疗康养、文化教育、活力生活复合片区。

4. 邻里中心效果图
5. 园区内效果图

社区建设与服务上，以“4+X”创新场景体系集成打造“三个有礼”未来社区。围绕“活力新衢州、美丽大花园”，聚焦人本化、生态化、数字化三维价值坐标，以高品质生活发展为主轴，聚焦未来邻里、教育、健康、治理四大主场景设计，统筹创业、交通、低碳、建筑及服务等其他场景，为居民提供邻里有温度的人文有礼社区、环境有韧度的自然有礼社区、管理有精度的秩序有礼社区。

三大轴线连接

礼贤未来社区的整体规划采取“一核、双心、三轴、多片区”的布局，将各个地块与三大轴线有机连接，并根据各地块自身特点，合理布置功能，从自然和人文出发，重视空间和场所性格的塑造，通过对东方文化、中华文化、江南特色、衢州韵味等特色元素的提炼，赋予场地新的性格和诗意空间，构筑高品质居住生活、庭院胜境。

各社区组团采用低尺度、密路网、小街巷的组合方式，提取传统建筑“白墙黛瓦”“前坊”“望楼”等元素，形成具有人情味、地方性的建筑特征，结合市井味、烟火气的邻里生活场景，呈现出绿意连绵、屋舍俨然、阡陌交通、怡然自乐的世外桃源生活画卷。

为了将社区内的九大场景一一串联，礼贤还打造了一套Mini-TOD系统。即引入抬高约5m的盖板，盖板下置入公共交通，盖板之上则为蜿蜒的空中步道与主题花园，不仅串联起商业、邻里、健康、创业、教育等多元化的场景功能，也进一步实现了人车分流，打造出一座城市立体生态聚落。未来，孩子们可以沿着家门口的花园漫步而行，自行前往不远处的学校，省去了家长接送的烦恼，增添一份安全保障。

8

9

10

6. 淳礼园建筑沿街面
7. 淳礼园园区内实景
8.9. 淳礼园建筑立面细部
10. 未来社区九大场景分析图

九大场景嵌入

有了基础的“骨骼”，社区之中还要导入合适的生活场景，从而实现“老有所终，壮有所长，幼有所养”的社会理想。为此，礼贤社区围绕“九大场景”，勾勒了具体的配套与细节，提升街区活力，并实现新型城镇化与产业智慧化、空间治理与社会治理的同步转型。具体手段包括：构建“泛亲情化”的邻里关系，倡导邻里亲情文化，为居民提供交流活动场所，以及全年不间断的邻里活动的组织，增强居民归属感；保障“全龄化”教育覆盖，整合文化教育资源，新建书屋、创客学院、幼托、幸福学堂、国际化幼儿园等；引入“日常养生”的康养理念，结合已有的医院、康养中心，新建国医馆、健康小屋、针灸理疗诊所等，打造全龄化健康医疗服务，并依托地景公园形成空中健身慢道，让健康融入日常生活；培育“邻里创业”的创新机制，鼓励邻里服务型创业，结合公交站点打造创业空间，并提供优惠政策、创业培训；发扬“和而不同”的建筑传承，反对大尺度居住机器，设计通过多层围合、散落塔楼形成小尺度院落，形成礼贤社区独特的建筑意象；实施“以人为本”的交通策略，通过丘陵式慢行系统实现人车分流，建设TOD首末站与mini-TOD公交站，实现以公共交通为导向的综合开发，打造安全便捷的交通环境；强调“道法自然”的生态理念，设计自然起伏的地景雨水公园，并结合屋顶生态农庄、立体绿化，打造生长在花园之中的社区；打造“多元共享”的服务配套，通过TOD综合体、mini-TOD配套商业服务设施、社区商街、滨水商业，形成多元共享的服务配套体系，满足生活各种需求；鼓励“全民参与”的监督共治，倡导全民参与的社区治理、运营，通过传统道德文化的宣传教育、邻里公约的制度约束、邻里的互相监督，培养居民的责任感、荣誉感。

友邻鹿鸣，悦己未来

衢州鹿鸣未来社区，浙江

项目名称 衢州鹿鸣未来社区

项目地点 浙江，衢州

规划设计 汉嘉设计集团有限公司

建筑设计 line+建筑事务所、汉嘉设计集团有限公司

总包单位 浙江培华建设集团有限公司、恒尊建设集团有限公司、贝林建设工程有限公司

用地面积 约14.5万㎡

总建筑面积 约41.6万㎡

开工时间 2021年09月

竣工时间 在建

荣誉奖项 亚太房地产大奖（浙江省住宅开发类别大奖）

社区建设的“三新”模式

鹿鸣未来社区位于衢州市中心城区智慧新城创新发展带与生态景观带的核心，云集新城万物美好，基于未来社区九大场景，打造集创客办公、滨水街区、商业娱乐、景观休闲于一体的综合式生活住区，以“万物友好、万物友邻、人人有爱”的三大全新生活状态，引领衢州未来活力生活，是未来杭衢同城协作发展的重要区域。

创新无界，融合共生

鹿鸣未来社区融合了“高效商业、自由路径、亲近氛围、立体街区、绿色宜居”五大创新点，将TOD站点、城市绿带与社区进行无界融合，把城市外围资源，成为社区生活的延展。在社区整体规划上，以智创核心区为中心，分成8个边长为80~150m围合式街区。以创业、邻里、服务和治理四大场景为特色，吸引创新人才，营造活力宜居地，集多元化场景沿活力轴线不断延伸，串联九大场景，呈现森林式多元、繁荣态势。其中，创业场景将结合创业孵化、研发办公、展示交易、生活配套为一体，配置“T空间”创业孵化空间、“数智科创中心”研发办公空间、“创新实验室”科研展贸体验中心以及人才公寓生活配套，宜居宜业。同时，融合邻里与服务场景，建设特色社区邻里公园，营造社区IP，充分提升居民参与，共同实现社区营造。规划通过邻里中心、医养中心、南孔书屋等九大场景各类配套功能的建设，结合南北向的“滨水创业轴”和东西向的“景观活力轴”，形成复合全生活社区空间，打造创新型人才宜居地。

1. 沿街商业配套效果图
2. 商业整体鸟瞰效果图
3. 商业效果图

2

3

理想小镇

绿城耕耘特色小镇领域已历经19年，覆盖文旅康养、教育科技及农业等领域，并以超1 500万 m^2的开发运营规模领先业界。在绿城构建的小镇体系下，理想小镇依托优质的自然资源和深厚的文化底蕴，融合农业、颐养、健康、文化、教育、科创等要素，注重整体规划布局，多元化建筑、空间、环境有序融合，以“大同理想”引领美好人居。

绿城的每一个小镇，都是独一无二的，因为它生长在自然中，生长在独特的山水人文之中。在尊重土地原貌的基础上，恰到好处地利用自然之美；在遵循当地人文风貌的原则下，助力本土文化焕发新生，让每一个小镇都显得得天独厚。

从舟山如心小镇、海南蓝湾小镇、安吉桃花源等行业先例，到近年成都川菜小镇、天台山莲花小镇、宿迁梨园湾小镇、大连玫瑰园葡萄酒小镇等代表新作，绿城小镇打造了诸多成功样本。绿城通过这些各有特色的小镇项目的落地，打造了中国新型小镇标杆，比城市更温暖，比乡村更文明，让乡村居民与城市居民共享发展成果，实现城乡经济社会全面、协调、可持续发展，丰富人民美好生活内涵。

比城市更温暖，比乡村更文明

让生活回归山湖林海

改革开放40多年来，中国经历了世界历史上规模最大、速度最快的城镇化进程，城市发展波澜壮阔，取得了举世瞩目的成就。中国城市40年的成功为未来可持续繁荣奠定了坚实的基础，也增添了通过发展城市带动乡村振兴，进而国家整体现代化，创造人民美好生活，实现伟大民族复兴和中国梦的自信。

什么是小镇

目前，城镇化从速度向深度转变，小镇作为连接城市和乡村的纽带，是城乡之间一个很重要的缓冲地带，是城市、乡村之外，人类聚居的另一种形式，比村庄大，比城市小。小镇有两个要素：容器和内容。容器是指自然的或人工的元素所组成的有形聚落以及其周围环境，内容指单个的人以及由人所组成的社会。小镇的一些基本要素，是城市里所稀缺的，以此吸引着城市居住者在节假日或者每周有三至五天去小镇居住。城市亦有小镇所不具有的要素，吸引着小镇居民参与城市生活。由此，小镇和城市成为两个半圆，相互咬合。

打造理想小镇

绿城既是理想小镇营造的引领者，也是时代的先行者。

一方面，配合“特色小镇”战略落地，探索城乡二元和谐发展，打造生态、生产、生活三生融合的美好生活目的地。基于对中国新型城镇化“美丽乡村建设”的积极探索，秉承“开放、融合、共享、生长”的小镇发展观，通过创新产品、引领产业、品质服务等核心竞争力，以“开发专业化、产业系统化”的运营模式，打造中国新型小镇标杆，推动中国城镇文明、丰富人民美好生活内涵。另一方面，走在时代前端，助推小镇战略落地。在国家新型城镇化战略指导下，以生活服务为核心，以产业运营为基础，以资本运作为重点，致力于成为配合“特色小镇”国家战略落地的综合服务商，积极探索产业与生活创新融合。

在此基础上，绿城通过明确小镇产业定位、文化内涵、旅游特色与生活功能，以美丽生态风光为城市创造理想的生活与创业环境，以更好的教育、医疗、运动等公共设施配套为乡村提供更好的生活服务，以特色产业的导入与培育促进区域就业和经济发展。进一步的，通过中国理想小镇建设，让乡村居民与城市居民共享发展成果，实现城乡经济社会全面、协调、可持续发展，为改变不平衡的城乡现状做出自己的贡献。

27年绿城实践、19载小镇探索，从舟山长峙岛如心小镇、海南蓝湾小镇、安吉桃花源等样板小镇，到近年的成都川菜小镇、天台山莲花小镇、宿迁梨园湾小镇、大连玫瑰园葡萄酒小镇等小镇新作，产业发展使命让小镇的发展具有科学的论证、产业的支撑、产品核心力的支持，形成了三生融合、三产联动，探索出了一种以产业板块为引擎的整合与引领的模式。

1

1. 天台山莲花小镇

理想小镇的打开方式

绿城以“比城市更温暖，比乡村更文明”为核心理念，依托优质的自然资源和深厚的文化底蕴，融合农业、颐养、健康、文化、教育、科创等要素，坚持以人为本，围绕小镇的核心生活、产业内容展开，以设计生活，引导生活为驱动，注重规划布局整体统一，多元化建筑、居住空间、园林环境的有序融合，营造复合多样的功能、生活空间，满足小镇多层次的物质、情感、精神需求，同时注重智慧、绿色、环保、生态可持续发展。

绿城理想小镇的优势主要体现在以下六个方面：一是优秀的设计理念，小镇的设计充分运用霍华德田园城市、邻里单元、新城市主义、雅典宪章及精明增长等优秀的国际设计理念。二是优美的自然资源，在小镇的基地中，往往穿插着水、田、坡、谷、丘、岭、峰等各种自然元素，有着多元的景观基底，为小镇的空间形态创造了天然的优势。三是鲜明的主题特色，小镇具备农业、颐养、健康、文化、旅游、教育、商业、科创、文创等基本要素，每个小镇根据自身的资源优势进行复合，并强调自身的主题特色。四是科学的整体规划，小镇规划强化的是整体系统性，包括多层次的空间结构、多样的产品类型、完善的配套设施、丰富的景观体系及多层级的交通网络等。五是产品类型多样化，包括住宅、学校、办公、商业、酒店、医院、颐乐学院、运动馆及文化馆等产品类型。六是可持续的绿色智慧，强化可持续发展理念，综合平衡环境效益、经济效益、社会效益，探索和应用水系统、能源系统、交通系统、垃圾系统等共同作用的循环结构，致力打造节地、节能、节水、节材及智慧相结合的生态、环保绿色小镇。

缔造理想生活

一座理想小镇具有的自然优势是山清水秀的环境和颐养安宁的生活。在这里，人们的距离被拉近，邻里街坊彼此相识，尊老又爱幼。同时，小镇也是一种新兴产业空间组织的形式，是块状经济改造提升、实现高质量发展的有效载体，享有比肩大城市的文化和科技成果——小镇的核心是文明，人类所有的文明成果，将在理想小镇中得以实现。

地道四川，一镇百味

成都川菜小镇，四川

项目名称 成都川菜小镇
项目地点 四川，成都
规划设计 上海蓝镇城市规划设计事务所
建筑设计 大象建筑设计有限公司
总包单位 辉迈建设集团有限公司、中交二公局东萌工程有限公司、中交第三航务工程局有限公司
用地面积 约717.3万㎡（概念规划）
总建筑面积 约59.5万㎡
开工时间 春风里，2020年11月；小镇中心，2021年03月
竣工时间 在建
荣誉奖项 四川省特色小镇、TOP100最成都·生活美学新场景、2021年川菜产业文创贡献奖

1

2

1. 园区内实景
2. 示范区鸟瞰

成都川菜小镇位于成都市“半小时经济圈”范围。项目坚持投资、规划、建设、管理、运营“五位一体”模式，按照“整体策划、统筹规划、统一打造、分期建设”的基本原则，以“产城融合，赋能川菜”为核心理念，通过川菜文化挖掘赋新、新消费场景打造、川菜全产业链闭环、非遗美食体验营造等，成为乡村振兴、产城融合的示范窗口。2021年3月，成都市领导带队考察，并将“川菜产业功能区”定位为“中国川菜城”；2021年6月，川菜小镇被评为“省级特色小镇”。

“川菜文化”的特色创新

小镇的总体规划采用“两轴、六心、六区”的格局，围绕“川菜文化”与“现代都市田园”两大IP，旨在打造集“文旅、田园、休闲、康养、教育、宜业、宜居”于一体的川蜀理想小镇。其中，小镇中心旨在弘扬四川传统活动文化，以体验游览式的商业步行街为主。设计突破了城市区域常见的盒子式购物中心模式，形成以活动情景为主导的消费体验街区，体现了成

3. 园区内实景

都独特的市井生活文化。同时为强化川菜小镇IP、弘扬川菜文化，川菜小镇特邀请国内著名川菜文化专家及非遗美食传承人，共同组成委员会，指导川菜小镇IP的打造。

桃源拾光项目以林盘文化为主线，打造集度假、休闲、田园、亲子为一体的共享度假村。其建筑立面设计以典型川西民居元素为灵感来源，“青瓦出檐长，穿斗白粉墙，悬崖伸吊脚，外挑跑马廊”。同时，网状小穿斗、粉白墙、大出檐、小青瓦、轻型吊脚楼等川西特色元素也被植入建筑形式之中。通过构建建筑、植被和田野的和谐关系，以及与当地林盘文化的结合，将一幅展现农耕氛围的生动画面呈现在人们眼前。

现代都市的温暖田园

小镇中心汇聚了四川省183个区县的特色美食，并引入非遗老字号、大师私房菜、名厨名馆、地道小吃等美食资源，以营造“一日吃遍全川”的新奇消费体验，也还原了小镇“食在中国，味在成都，魂在郫都”的美好愿景。

2021年10月18日，由成都市郫都区人民政府、世界中餐业联合会共同主办的第四届世界川菜大会在川菜小镇正式开幕。

小镇的营造，除了空间与产业，更深入居民的日常。川菜小镇视居民为“家人”，从不同人群的生活需求出发，思考和探寻川蜀理想小镇的生活场景和精神内容，借势川菜文化，从“衣食住行”的各个维度，努力营造“比城市更温暖、比乡村更文明”的小镇生活场景。

未来，川菜小镇将进一步完善产业内容和服务功能。一方面，小镇将增加川菜农业板块，通过亲子自然农场、果蔬采摘、豆瓣研学生态园等农业体验，打造乡村农业体验窗口，形成持续性的经营业态。另一方面，小镇将持续发展商业，陆续建设精品民宿、超市、儿童游乐中心等丰富服务内容及业态，让游客能“走进来”更能“留下来”。小镇还与中国川菜博览馆和鹃城豆瓣等开展深度合作，开启工业文化旅游。不远的将来，川菜小镇将变成一处宜游、宜玩、宜住、宜居的川味生活及美食体验目的地。

香梨雪海，城市田园

宿迁梨园湾小镇，江苏

项目名称 宿迁梨园湾小镇

项目地点 江苏，宿迁

规划设计 杭州九米建筑设计有限公司

建筑设计 杭州九米建筑设计有限公司

总包单位 辉迈建设集团有限公司

用地面积 约16.7万m^2

总建筑面积 约22.5万m^2

开工时间 西区，2020年08月；东区，2020年09月

竣工时间 在建

1

梨园湾小镇位于江苏省宿迁市宿豫区东部的梨园湾景区内。以“梨文化”为着眼点，小镇的整体策划聚焦农旅、农艺、农养、农科、农创等产业，覆盖自然教育、小镇商业、中式组团、主题民宿等多重业态，搭配完善集约的生活配套，未来将成长为一座具有当地特色的城市农旅小镇。

生活农旅的整体策划

产业策划层面，梨园湾小镇将周边千亩梨园的自然人文资源纳入整体考虑，对梨园、梨树、梨花、果实及其医用、食用、文化价值进行了充分挖掘与盘活，例如考虑引入民宿，并策划农家乐、采摘园、观光园、露营等多样化的主题活动，从而进一步提升小镇的整体价值。日常生活层面，小镇充分引入了当地的优质资源，从人居文化、衣食住行、生活饮食、环境治安、老人儿童等层面进行统筹考虑，完善相关服务，并进一步融合生活配套与旅游配套，提升区域生活品质，带动周边农旅产业的发展。

街巷形制的规划布局

以田园农旅生活为立意，以原生态梨园为景观底本，在充分解读宿迁城市文化、人文精神之后，小镇的整体规划采用了街巷形制，将宿迁传统老街肌理充分融入其中，形成了与宿迁历史文化一脉相承的空间格局。再将现代化的生活、服务与文化设施与功能对应置入其中，从而自然地呈现出苏北水乡的诗意与气韵。

小镇还秉承了中式传统园林的造景手法，以淡泊、禅意、闲适的氛围

1. 小镇中心鸟瞰
2.3. 园区内实景

4. 园区内实景
5. 庭院细部

感作为空间营造的核心线索，将梨园、乡愁、曲艺、耕读等历史文化内涵融于地脉。小镇中心的水街，取古典园林筑山理水之韵味，把古朴、明洁的调性融入江南水乡景观布局之中，用“虽由人作，宛自天开”的空间去承载诗情画意的小镇生活。斥到风来碧架晴虹、月波香洲、飞虹听潺……每一处景观都被赋予了情境相宜的名字，由此串联起小镇中心的景观与商业空间，营造出一处可居、可游、可玩、可赏的园林式水乡。

融合园林的建筑设计

小镇的设计进一步构建起了具有属地化特色的风格与形式。其中，中式组团部分，以宿迁街巷空间和肌理为脉络，以传统苏派建筑为设计蓝本，提取了硬山屋顶、花窗、博风等形式元素，打造诗画般的品质生活空间。现代高层部分以现代古典回应场地环境，建筑采用简约、典雅、安定的绿园系立面，同时在细节上考究精致，如外立面色系汲取梨花花色进行融合等。户外空间辅以阳光草坪、运动球场、五感花园与跑道等配套设施，打造温暖与健康兼具的活力社区。

葡萄美酒，经典“玫瑰”

大连玫瑰园葡萄酒小镇，辽宁

项目名称	大连玫瑰园葡萄酒小镇
项目地点	辽宁，大连
规划设计	大象建筑设计有限公司、杭州九米建筑设计有限公司
建筑设计	大象建筑设计有限公司、杭州九米建筑设计有限公司
总包单位	山东高速齐鲁建设集团有限公司、大连三川建设集团有限公司
用地面积	约30万㎡
总建筑面积	约15.4万㎡
开工时间	玫瑰园，2021年11月；小镇中心，2021年06月；雅诗格酒店，2021年08月
竣工时间	在建

1. 中轴场景效果图
2. 中心广场效果图
3. 园区内效果图

赋能区域价值

大连玫瑰园葡萄酒小镇是绿城玫瑰园系高端作品，位于北纬39°葡萄种植天赋纬度，距国家风景区金石滩国家地质公园仅2km。依托世界级葡萄种植的特有优势和葡萄沟当地百年葡萄种植历史。项目整体定位为“金石滩国家旅游度假区·度假驿站”，打造国际标准化葡萄种植示范园、精品酒庄、国际品牌酒店集群、温泉度假村等丰富配套。同时以葡萄酒深度体验游为主题、以温泉度假游为特色，将绿城美好人居和理想生活带到大连。

产业空间布局规划

小镇整体规划结构为“一核、两心、六组团”，其中以专业酒庄为“核”，以小镇服务中心及生态度假中心为“心”，汇聚玫瑰园生活美学组团、雅诗阁交流会客组团、伴山香榭酒香体验组团、悠泉谷温泉度假组团、花溪谷私享度假组团、鹿鸣谷亲子体验组团六大组团共同描绘丰富多彩的小镇生活。秉承生态、活力、文化、休闲、三产融合等运营理念，对优质景观资源和葡萄酒产业文化进行充分挖掘，结合周边丰富山景和葡萄田景观，通过居住、商业、酒店等不同功能性质组团来串联整个园区，形成既分散又有机结合的组团，构建极具特色的葡萄酒小镇。

法式建筑美学

小镇在传递古典浪漫法式风格的基调上，结合坡地地形的高低起伏建筑布局错落有致，形成丰富小镇天际线，总体风貌与周边景色相得益彰。同时，立面材质上选择最能体现当地地域特色的建筑材料，通过不同组合搭配和拼接错缝等手法，营造立面丰富的变化。

2

3

身有所养，心有所安

安吉桃花源，浙江

项目名称 安吉桃花源

项目地点 浙江，安吉

规划设计 上海济景建筑设计有限公司、上海劭梓城市规划设计事务所

建筑设计 浙江绿城建筑设计有限公司、大象建筑设计有限公司、浙江绿城六和建筑设计有限公司、浙江蓝城建筑设计有限公司

总包单位 浙江长兴天工建设有限公司、辉迈建设集团有限公司、安吉信达建设有限公司、浙江奔腾市政园林建设工程有限公司

用地面积 约63.5万㎡

总建筑面积 约36.3万㎡

开工时间 2013年03月

竣工时间 隐竹园，在建；悦山居，在建；逸竹园一期，2021年05月；逸竹园二期，2021年11月

荣誉奖项 国际房地产大奖International Property Awards建筑设计优胜奖、APA亚洲不动产奖（亚太区）最佳住宅建筑设计金奖、APA亚洲不动产奖（中国区）精品别墅建筑设计金奖、CREDAWARD地产设计大奖·中国居住项目优秀设计奖

1. 未来山 I（新竹园）
2. 安吉桃花源鸟瞰

探寻理想山居生活的桃花源

安吉桃花源地处浙江省安吉灵峰度假区内核，坐落于“绿水青山就是金山银山”的两山理论发源地——安吉，其森林覆盖率高达70.1%，是中国首个“联合国最佳人居奖”获得县。拥有天赋的自然环境，在江南山林幽境，8 000余亩竹海之中，仅用1/4的土地作为小镇的项目开发，为绿城小镇的理想山居典范之作。项目在开发过程中，以“身有所养、心有所安”为愿景，倾力打造“全球华人身心灵度假目的地”。桃花源以强大的产品力和创造性，通过落地绿城原创产品研发基地，旨在营造山居理想生活服务设计体系，打造绿城农旅居养复合型理想小镇范本。

借自然之景，得山水意趣

桃花源已建成项目类型多样，2013年第一批中式Villa“紫竹园”问世，引领绿城中式合院；随后推出了专利级现代山居未来山 I（新竹园）——“树梢上的玻璃盒子”，以户户观景、最大化自然景观视野为原则，做到采光与观景面兼顾, 与自然无界消融，采用内院式布局，户内空间围绕内院组织。

未来山 II（逸竹园）为了保证每户都有绝佳的山地景观，通过梳理每个地块的特质，设计出更加符合每个地块性格的户型分布。同时为了让天际线更加丰富，屋顶间相互照应形成流线关系，使得整个造型组合更加得灵动，同时又更好的解决了私密性问题，让“悬浮”的院墅，进一步升华。

2020年发布的中式合院“十二山院”（隐竹园）是以十二个枕山栖谷地块灵动组合而成，藉由坡地高差的存在，成就了“院落层”与南向下沉式庭院的双首层创新模式。

2

走进自然，健康颐养

德清观云小镇，浙江

项目名称	德清观云小镇
项目地点	浙江，德清
规划设计	浙江蓝城建筑设计有限公司
建筑设计	浙江蓝城建筑设计有限公司
总包单位	辉迈建设集团有限公司
用地面积	约18.7万㎡
总建筑面积	约27.5万㎡
开工时间	2018年07月
竣工时间	云溪里、云峰里南、云阙阁、云麓阁，2021年06月； 云峰里北、云径阁、悦云里小镇中心，2021年12月
荣誉奖项	环球人居设计大奖、环球地产设计大奖、REARD全球地产设计大奖、澳大利亚布里斯班设计奖

1. 德清观云小镇鸟瞰
2. 合院建筑立面细部
3. 公寓建筑立面

构建全球顶级山区生活

德清观云小镇地处长三角经济圈，坐落于世界十大避暑胜地之一——莫干山，位于浙江德清县莫干山麓5 000亩半山缓坡之上，定位为健康生活、颐养度假康养小镇——中国慢生活小镇新典范。

弘扬国学，书院意境

小镇中心规划设计延续古代书院的形制，采用串联式的布局形态，有显隐两条纵向大轴由南向北将溪—路—居—山一脉相承。一条显性轴线以主街与广场的形式串联学术区、休闲区、园林区。另一条隐性轴线以园林庭院与人行游线将整个小镇中心融为一体。小镇中心商业街主动线串联了南侧的滨水广场、颐乐学院的礼仪广场、北侧生活美学馆的漫生活广场。同时次街及巷道，跟主动线交叉布局，不仅仅丰富了街巷空间，还有效组织了非商业空间的动线。几条街巷切割划分的空间，皆以庭院式布局，或水院，或绿植庭院，或禅意庭院，大小尺度各不相同，最终全部串联在商业动线里。

依山就势造盛境

多高层在杨柳郡风格的基础上，建筑外立面色彩试图选用与场地相得益彰的颜色。再结合德清当地要求坡屋顶、封阳台的特色，最终形成了目前所呈现的公建化外立面。其建筑户型及园区内景观通过框景与借景手法充分利用高尔夫及山景景观资源，将室内外景观与其完全融为一体。

山地合院，充分利用地形，依山而建，利用台地式布局，尽可能使每套住宅都能拥有良好的景观条件，提升其空间价值与潜力。粉墙黛瓦的中式建筑风格，引用了新的材料铝合金代替传统中式建筑的木作，既延长了建筑的使用寿命，又不失传统中式建筑的神韵。

3

云端之上，禅心似莲迴无尘

天台山莲花小镇，浙江

项目名称 天台山莲花小镇

项目地点 浙江，天台

规划设计 上海蓝镇城市规划设计事务所

建筑设计 大象建筑设计有限公司、北京维拓时代建筑设计有限公司

总包单位 巨匠建设集团股份有限公司

用地面积约 约14.1万m^2

总建筑面积 约8.3万m^2

开工时间 2017年07月

竣工时间 合院，2020年03月；商业街、酒店，2021年01月；滑雪场，2021年04月

奖项荣誉 英国伦敦设计奖London Design Awards银奖、法国MIPIM Awards建筑设计入围奖、GBE酒店设计大奖最佳奢华酒店奖

云雾之间，有座佳处

莲花小镇位于浙江省天台县石梁镇，地处天台山顶约800m的平阔地带，小镇占地约512亩，以住宅区和小镇中心为主体，规划了中式院墅居住区、养心度假酒店、文化商业街区、莲心书院、高端室内综合滑雪场等丰富业态。莲花小镇融合了天台山深厚的佛宗道源文化底蕴，围绕“文化为魂、艺术为形”，营造高山全龄养心康养小镇。

诗意山居与自然共生

规划利用地形特点，以基地的主要道路为分界点，分为南坡和北坡用地。一期住宅区位于南坡，立意“山中村落”，住宅成组团布置，街、巷、院、家，空间层次分明，抬头可见南山悠然相对，意境深远。中式合院产品采用院落式布局，区别于大多城市院墅，设计采用一房一院，多数功能空间都面对庭院，卧室、客厅甚至厨房之外都有庭院。室内运用现代中式的设计手法，一进一退一转一回皆有对景，在起承转合之间尽显中式意蕴。

二期小镇中心由酒店和商业组成。酒店位于北坡，占据山顶高台，建筑依山体层层跌落，气势恢弘。作为日本顶级度假酒店虹夕诺雅的缔造者，拥有百年历史的星野集团，择地于此，低调地隐匿于天台山水之间。文化商业街区面，左右街区分列，游廊、街巷、院落、广场灵活穿插，尺度宜人。用现代的营造方式，去“打开中式”，造型恰到好处地运用虚实变化，勾勒出简洁而不单调的外轮廓，丰富而不繁复的中式细节。商业街以中心广场串联大小各异的景观空间，在曲折有致的商业街巷中感受中式休闲生活。

天台山雪乐园同时也坐落于海拔800m石梁镇，场馆外形设计以莲花为灵感，内部整体包装以天台山文化为基础，融合冰雪元素，致力于打造一个时尚精致、浓郁、文化、动感欢乐的冰雪乐园。

1. 天台星野嘉助酒店
2. 天台山雪乐园

TOD/城市综合体

“杨柳郡”是绿城中国TOD专属品牌，该系列作品以轨道交通为载体，集居住、商业、办公、文教、休闲于一体，旨在打造“安全、便捷、友好、年轻、复合、活力”的理想生活样本——YOUNG CITY。

城市综合体，将商业、办公、居住等多功能城市空间通过合理的交通连接，有机组合、相互依存、协同促进，它不仅是现代国际大都市的标志，更是催生繁荣与文明、激发城市活力的发动机。在温州鹿城广场、宁波中心、台州玉兰广场等项目中，绿城致力于为城市提供大规模的综合体功能空间。这些城市地标将连接起城市的过去与未来，将见证着商圈的日益繁荣，更将承托起绿城“创造城市的美丽”的愿景。

营造理想城市生活

年轻、复合、活力、便捷

站城一体下的青春脉动

在城市土地空间的竞争中，人流的争取成为核心。随着城市不断扩张，城市的交通体系也在不断编织、延展。在这张错综复杂的交通网络里，沿途的一座座车站作为重要的节点，将必然成为城市未来的核心枢纽。在此背景下，基于交通枢纽节点，以公共交通为导向的开发模式，即TOD模式，成为当下城市发展的探讨热点。未来，围绕轨道交通枢纽开展的站城一体化开发，将成为亚洲城市面对高密度人口、有限土地资源的主要应对策略之一，具有极强的综合化优势与经济效益潜力。可以预见，这一座座立体之城，日后必将成为城市体系中不可或缺的组成，也将成为城市里最具活力的聚集地之一。

多元业态与综合开发

TOD项目通常采用立体化的开发模式，将地铁站、地下商业以及地上集中物业的阻隔打通，形成紧密的联系。

功能上，项目会尽可能涵盖丰富多元的业态，包括商业、办公、休闲、居住、教育、体育设施等，从而最大限度地满足往来客流以及在附近居住的人们的需求，也可以进一步将消费意愿转化为消费价值。

规划上，项目需要融合轨交站点、基地建筑、地面道路乃至城市绿化等不同性质的用地，将地上地下处于不同高差的空间贯通起来，构建起多层次的网络系统。同时，空间上的复合不能仅限于功能需求的满足，还要使其成为人们愿意在此停留、步行友好、尺度宜人的城市公共空间。

实施与运营上，由于TOD项目通常涉及多方利益相关者与管理机构，因此项目的推进强调各部门间的高效配合，在满足各方利益的前提下形成共赢机制。可以说，一个成功的TOD项目不仅能激发城市活力，更是一个共建共治共享平台的实际体现。

打造年轻复合的TOD模式

在这样的背景下，绿城开始了自己的TOD探索。2015年，绿城推出了YOUNG系列下的首个TOD产品——杭州杨柳郡。杭州杨柳郡作为绿城TOD系列的首个作品，是浙江省首个地铁车辆段上盖，也是目前国内最大的上盖物业之一，历经5年分批交付，并于2020年8月全部竣工。继杭州杨柳郡之后，宁波杨柳郡、宁波云栖桃花源等TOD系列产品陆续落地。与此同时，绿城在昆山、苏州、福州、哈尔滨等城市也有多个TOD项目正在建设中。

绿城TOD系列的主力作品，通常是在距离市中心一定距离的地铁上盖区域，依托地铁最大限度地为人们提供便捷的出行，旨在打造集合了居住、商业、办公、文教、休闲娱乐等多种业态混合开发的高品质项目。项目以相对合理的售价，让年轻人买得起，又通过混合业态的开发提升了区域活力、带动区域发展。

1. 杭州杨柳郡

全周期效益与开发挑战

发展TOD，不仅可以提高城市土地资源利用，优化城市空间布局，提升公交运营效率，也为城市发展带来全新机遇，带动商圈的形成和开发能级的提升。但同时，TOD项目也必然面临着一系列难点与挑战。

TOD项目的复杂性和宏大规模，伴随着投资规模大、开发周期与回收期长等问题，并且在项目建成后的运营初期需要不断尝试，从而磨合出建筑与场地的最佳使用方式。

因此，除了高昂的时间成本，更需要庞大的建设与运营资金托底。因此可以说，绿城TOD系列作品的落地与交付，充分展现了绿城在建造技术、资金使用和运营效率等方面的实力。

以创新活力引领未来生活

未来，绿城将延续“杨柳郡”系列，并在TOD模式上持续钻研与创新。

首先，是空间上的创新。TOD项目将打造出一座极为复合的立体之城，在这里，空中花园、绿色步道、步行街、商业店铺、下沉广场被融合、并置，营造出极具未来感的城市空间场景。

其次，是场景上的创新。TOD项目在空间集约完善的基础上，更追求丰富多元的内容融入与活动组织。空间内会布置有极具艺术感的装置作品，或者可供人们休憩闲聊的户外家具，或者可以用于组织各类活动的空间场所，从而吸引更多的人们前往、驻留。由此，TOD项目也成为城市热点话题的集中地，城市丰富活动的发生地，以及城市休闲娱乐活动的目的地。

除此之外，还有消费体验的创新。如今，Z世代成为消费主体，而TOD项目本身的策划理念也非常符合年轻一代的生活方式。国潮、动漫、美食、买手店……各种沉浸式的消费空间营造，不仅会成为TOD项目的核心亮点，也将进一步带动区域内的人气。

总结来说，发展TOD的作用与核心价值，不仅在于提高城市土地资源利用、优化城市空间布局，强化并完善地区的功能，提升地块效益，更在于通过提供更多的公共开放空间和活力场景，增强区域魅力，丰富城市的公共性，从而进一步增强所在城市整体的竞争力。因此，绿城TOD系列作品推出与落地，于绿城而言，是初心的回归与超越。

而在城市交通网络发达、城市功能相对集中的区域，通常也会出现城市综合体。城市综合体是城市财富发展到一定阶段的繁华结晶。绿城充分把握现代城市脉动，融合世界顶级团队的成功经验，选择适应之地营造城市综合体，为城市打造名片级地标。如温州鹿城广场的三、四期，一座379m的超高层塔楼。作为温州未来的地标，它将链接起城市文化的过去与未来，见证着一个崭新城区的形成，更将承托起绿城“创造城市的美丽”的使命。

TOD开启美好YOUNG生活

杭州杨柳郡，浙江

项目名称	杭州杨柳郡
项目地点	浙江，杭州
规划设计	AREP法铁阿海普建筑设计咨询（北京）有限公司、浙江绿城建筑设计有限公司
建筑设计	浙江绿城建筑设计有限公司
总包单位	杭州建工集团有限责任公司
用地面积	约29.3万㎡
总建筑面积	约80万㎡
开工时间	2015年12月
竣工时间	2020年08月
荣誉奖项	CREDAWARD地产设计大奖•中国景观设计优秀奖（地铁绿城杨柳郡生活体验馆）、浙江首届商业双创大赛优胜奖（杨柳郡好街）

1. 园区鸟瞰
2. 建筑沿街面

随着城市快速的高强度开发，TOD导向下的集约型开发，逐渐成为极尽利用城市内存量资源的一种范式。杭州杨柳郡作为杭州市，也作为绿城首个TOD地铁车辆段上盖主活综合体项目，不仅是针对更年轻世代而打造的一座"年轻、复合、活力"之城，更是"有轨交通时代"下城市建设之路的一次深度探索。2021年，随着杭州杨柳郡最后一期（四期）的正式交付，这个历时7年的项目交出了一份完满答卷。

集约利用的特殊土地

杭州杨柳郡隶属于七堡社区，地处钱塘江畔。历史上，这一片区就是杭州的郊区，进入21世纪才逐渐成为真正的市区。现如今，随着地铁1号线的建设，以及地铁集团总部的迁入，这里迎来了全新的发展机遇。项目紧邻杭州地铁1号线，地处七堡站车辆段上方——地铁上盖、毗邻轨交站点的交通优势，大大节约了人们通勤的时间成本。

策划阶段，该项目即确定了"地铁+物业"的开发模式，并设置了丰富的公共配套，将出行、生活、购物、学习浓缩在了场地内部。规划布局层面，设计采用了仿若"七颗宝石"的组团形式，整个项目基地呈东西向狭长形布局，并由一条贯穿南北的商业街将整个地块的东西自然分隔。其中，上盖区一部分（+13.5m）规划为住宅小区，另一部分（±9.0m）为转换层，用作公共绿地、小学、幼儿园及上盖住宅停车；落地区则规划为商业空间、办公楼与其他社区配套。由此，整个园区通过的多层次复合空间的叠加，构建起了立体慢行系统，呈现出开放式社区的特征。

3. 园区内实景

别具要求的上盖开发

TOD拥有优势的同时，也面临着重重挑战。整个项目分为盖上、落地与地下空间，天然存在9~13.5m的高差，再加上整体交通流线复杂，业态多样，使得项目的施工难度较高。考虑到项目结构的特殊性——是在轨道车辆段的上盖基座上实现具有复合性的二次开发，又以住宅为主题，整体的结构务必要进行审慎的通盘整合，避免轨道交通运营期间产生的噪声和振动对建筑结构以及人们日常生活的影响，从而实现地铁上盖区域的环境、经济和人居健康的协调发展。而该项目作为浙江省首例车辆段地铁上盖，还未有可参考的先例，因此在实施过程中，开发团队更是需要与规划、消防、绿化、环保、市政等部门进行大量的沟通协调工作，让项目最终落地落成。

4

5

4. 园区内实景
5. 陈列的公共艺术装置
6. 园区内实景

多元复合的邻里场景

绿城赋予了杨柳郡“YOUNG”的标签，目标人群定位于20世纪80年代以后出生的年轻世代。园区由此力图倡导并推进一种更青春、更活力的生活状态，并将之贯穿于设计建造以及园区服务体系构建的全过程之中。在这里，有便捷的地铁通勤，有步行可达的学校，有24小时营业的“商业好街”以及丰富的活动空间，使得完整的城市生活需求在园区内都能得到满足。整个园区内，除了住宅、大规模的商业规划与社区配套，还代建有2所幼儿园、1所小学以及2个市政公园，配合绿城全周期的园区生活服务体系，形成了多元融合的社区空间与生活环境。

此外，园区内的数字化建设也是一大亮点。例如，“云尚杨柳”小程序的开发与上线，使得用户可以直接线上联系物业、社区、业委会、商业主；园区内安装配备的52个包括高级监控摄像头、烟感、人脸识别设备、闸机等在内的物联感知硬件，也为人员、车辆的进出，充电桩、烟感、电梯等设施管理提供精准数据基础，提升了小区内的数智治理能力。

城市新动力，年轻化社区

宁波杨柳郡，浙江

项目名称 宁波杨柳郡
项目地点 浙江，宁波
规划设计 杭州九米建筑设计有限公司
建筑设计 杭州九米建筑设计有限公司
总包单位 歌山建设集团有限公司 、宁波市建设集团股份有限公司、浙江欣捷建设有限公司
用地面积 约18.6万m^2
总建筑面积 约58.3万m^2
开工时间 2016年12月
竣工时间 咏柳苑，2020年03月；鸣柳苑，2020年12月

宁波杨柳郡位于宁波市鄞州区五乡版块，紧邻地铁邱隘东站，是宁波首个TOD住宅产品。宁波杨柳郡意在打造成一座年轻、复合、活力的城中之城，建设一个集居住、商业、办公、休闲、教育等功能于一体的多元开放复合社区。

基地特殊性

项目基地具有其特殊性。宁波杨柳郡所在的地块是地铁车辆段的落地区，相对标高0m。地块有地铁1号线穿越，用地南侧是地铁1号线维修段，场地相对标高10m，上盖物业为地铁职工宿舍。规划设计中将项目所在地块的住宅首层标高抬到10m，与南侧场地标高相同，减少场地高差对人活动的影响，并将10m的空间设置两层车库，不用再挖地下车库降低了成本，在竖向设计时合理利用现状高差设置功能与布置交通。

绿城YOUNG时代

宁波杨柳郡围绕地铁站点以及滨水景观带布置商业业态，地铁口的广场空间结合天然水系，打造活力主轴。沿着主轴营造活力四射、创意十足、多样丰富、有机凝聚而又开放多元的中心商业街。街区多元开放复合空间的

1. 建筑立面
2. 宁波杨柳郡鸟瞰

设计，不仅为了应对城市里日益紧张的用地和快速运转的生活节奏，还直接指向建立“年轻人为主导”的社区的愿望。

建筑与环境的有机空间

住区均为高层住宅，这样可减少建筑密度，增加住宅区内部的绿化园林空间，提升居住品质。在高层住宅处理上，采用南低北高的手法，保证每栋住宅均有良好的日照及景观，同时也丰富了建筑群体轮廓线。居住区块内建筑间彼此相互对位、呼应，形成了多种不同特征的围合庭院空间。既有磅礴大气的中心大花园，也有精致典雅的院落灰空间，形成自然有机的空间关系。通过建筑的局部对称布置，使组团与组团之间形成呼应，并最终成为一个和谐整体。

2

地铁托起的桃源梦

宁波云栖桃花源，浙江

项目名称	宁波云栖桃花源
项目地点	浙江，宁波
建筑设计	浙江绿城六和建筑设计有限公司
总包单位	浙江欣捷建设有限公司、宁波住宅建设集团有限公司
用地面积	约18.7万㎡
总建筑面积	约24.4万㎡
开工时间	2021年01月
竣工时间	在建

1. 示范区建筑

2. 施工中园区，拍摄于 2021 年 12 月

心之所向的城市桃源

云栖桃花源位于浙江省宁波市东钱湖南麓，在依山伴水的胜景环伺中，择址世界宁波的风雅湖区——中国东钱湖，打造“桃花源的宁波样板”。通过中式院落、叠墅、洋房等复合业态与 TOD 立体规划的碰撞，构建一幅时代罕有的“立体山水画卷”，重拾城市久违的诗意。

立体山水的当代重构

在整体规划上，云栖桃花源立足于TOD理念，创造性地将中式院落、叠墅、洋房等产品与地铁轨道交通的车辆段上盖开发相结合。项目规划地块包含了地铁车辆上盖及周边白地。规划设计巧妙地利用地块的独特条件——车辆段的停车库、咽喉区、出入线段的不同板高，造就了景观丰富的三重台地。社区东北侧白地地块是都市山水洋房和叠墅，西侧、南侧盖上地块则是中式江南合院。设计通过配套商业建筑的联系盖上、盖下住区，打造的是“从地面到空中”的院系住区，形成立体社区的生活方式。

与古为新的宋雅流风

盖上的中式合院延续了绿城传统中式合院经典格局。在对传统审美和现代功能的创新融合中，将文化符号蕴含其中，一展东方美学神韵。从青瓷石刻、佛学禅宗到韩岭古村，东钱湖沉淀千年宋韵文化精粹为后世留下了一系列“慢”与“雅”的生活范式，营造“白墙黛瓦、巷坊园庭”的宋风美学住区。

2

瓯江观未来，繁华若滔滔

温州鹿城广场，浙江

项目名称 温州鹿城广场

项目地点 浙江，温州

建筑设计 SOM建筑设计事务所、香港Lead8建筑事务所、浙江绿城建筑设计有限公司

总包单位 陕西建工集团有限公司

用地面积 约7.8万㎡

总建筑面积 约38.6万㎡

开工时间 三期、四期设计中，计划2022年05月

竣工时间 在建筹备

鹿城广场，位于温州市洪殿街区，毗邻瓯江，是一座集商业、酒店、办公与公寓于一体的现代化都市综合体。项目分四期开发：一、二期为住宅，已于2011年和2012年交付；三、四期为商业综合体，其中办公与酒店所在的综合塔楼高379m，建成后将成为温州未来的制高点。项目的整体规划与超高层设计由全球顶尖的SOM建筑设计事务所操刀。三、四期已于2021年初开工建设。作为温州的地标级项目，该项目承载着崇高的使命与美好的愿景，不仅见证着一个崭新城区的日益形成，还将连接起城市文化的过去与未来。

1. 超高层塔楼效果图

1

2

3

2. 户外空间效果图
3. 裙楼效果图
4. 整体鸟瞰效果图

塑造城市界面

一座成功的城市综合体应充分尊重并回应建筑与周边城市的关系。鹿城广场地处温州旧城中心和商务核心区之间，既是城市主干道上重要的城市对景，也是标志性城市节点。因此，建筑特色形态与公建化立面的塑造至关重要。

超高层塔楼的建筑细节上，一方面利用具有编织感的高反光幕墙减轻太阳辐射的负面影响，另一方面在塔冠部分通过不同反射强度的玻璃，以渐变的方式映射出天空与瓯江的景色，与周边美丽环境的呼应。基座部分也充分考虑了人性化的尺度与比例，通过细节与边缘轮廓的处理，削减了外观带给人的巨大体量感，以塑造亲和的城市界面。同时，为了更好地引导人流，形成与城市间的有效对话，设计在基地的南北两侧均置入了多个下沉广场，并在裙楼部分配套了屋顶花园与退台，营造多样化的生活体验，实现城市与自然的有机融合。

5. 塔楼顶部观景空间效果图
6. 公共空间设计分析图

5

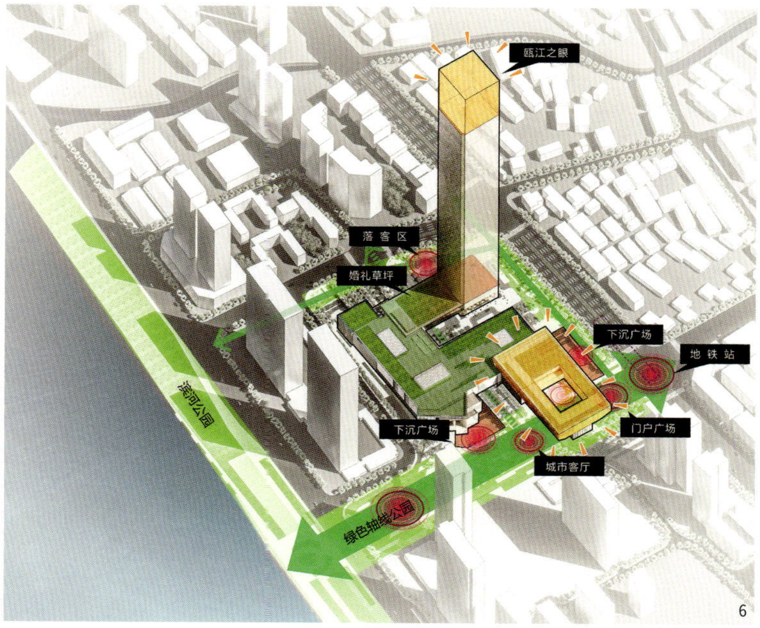

6

构造超高地标

一方面，鹿城广场地处城市副中心的要地，是温州通往瓯江的门户；另一方面，综合塔楼凭借超过300m的高度将成为城市天际线上举足轻重的存在。因此，项目对塔楼的设计也提出了更高的要求，以最大程度体现其“标志性”。从功能角度上讲，要求对于整个温州城区，能最大限度地体现建筑体的功能集聚和功能依附效应，并涵盖多样化的业态，满足不同人群的工作、生活与消费需求；从城市顶峰建筑的塑造角度来看，该标志性塔楼将展现温州乃至整个浙江省具有国际视野的设计理念和营造方式，并充分结合温州地域文化与时代感，给市民带来眼前一亮之感。

设计最终敲定以“瓯江之眼”为核心概念，旨在提升超高层顶部的通透性，“点亮”并串联起城市与周边的山水环境。在尽可能延长塔楼的纵深感，确保其整体修长挺拔姿态的基础上，将酒店的公共区域设置在了建筑顶部，通过各功能楼层错落堆叠，将尺度不一的通高空间面向外界，并以透明度最大的悬索幕墙作为建筑界面。由此，不论是白天还是夜晚，顶部的“灯笼”都拥有着最佳的视觉通透性，并在日光或者灯光的照射下熠熠生辉，仿若江边竖立着的一座灯塔。

琢磨生活纽带

鹿城广场的高层公寓部分虽先期交付，但设计上也采取了一以贯之的现代、简洁手法，立面设计强调公建化，使其外观更像是一组公共建筑而非公寓住宅。在细节上，设计做了大量的整合工作，力求外墙平直流畅，最大化避免传统住宅不规则的平面布局；建筑的高度设置则强调建筑群在天际轮廓线上的错落效果，从而与相邻地块较低矮的建筑形成自然过渡。

户型上，设计将客厅与餐厅布置在北面，从而让居家的公共活动区域完全面向江景；卧室则布置于南侧，保证朝向和采光的同时，也让人们拥有面向园区内部花园的视野。在用地紧张的市中心，设计仍为业主保留了私密性，闹中取静的意境油然而生。

未来之城的风尚新地标

宁波中心，浙江

项目名称	宁波中心
项目地点	浙江，宁波
规划设计	SOM建筑设计事务所
建筑设计	上海建筑设计研究院有限公司、浙江绿城建筑设计有限公司、上海市建工设计研究总院有限公司
总包单位	上海建工一建集团有限公司
用地面积	约11.3万㎡
总建筑面积	约90.4万㎡
开工时间	四期超高层，2018年12月
竣工时间	阪急商业于2019年03月竣工，2021年04月开业；四期超高层在建

1. 整体全景效果图
2. 超高层塔楼效果图

TOD新高度

宁波中心位于宁波东城新城中央商务区，地处东部新城的腰腹地带，以地铁1号线和地铁5号线的换乘站海晏北路站为核心，是集阪急百货、丽思卡尔顿酒店、办公以及高级公寓和高端豪宅等业态为一体的商业综合体。宁波中心大厦作为超高层地标，成就了宁波国际化的城市形象，也代表着城市中心的璀璨未来。

摩天地标

项目分四期开发，一期与二期为住宅，现已交付；三期为商业与办公；四期则是80层、高409m的宁波中心大厦。塔楼的设计由SOM建筑设计事务所操刀，以“波”的自然意象为设计灵感，抽象提炼出似塔似笋又似花的建筑形象，展现圆润挺拔的建筑形态，建成后将成为宁波天际线上瞩目的新地标。因地处地铁50m保护线范围内，超高层的施工需要克服极大的施工挑战，并打造宁波当地最临近地铁、深度最深基坑，平均深度将达18m。

品质生活

项目的配套设施进一步构建了这座未来之城的日常生活场景。作为双地铁上盖的物业，居住于此的人们可以从家里直接经由地下通道，前往百货商店与地铁站点，做到无缝对接。此外，项目西边毗邻60 000m^2的东部新城中央公园，人们无论是散步、运动、休闲，还是透过家中的巨大落地窗玻璃观望，都能享受到无尽的绿意。

山水之城的活力会客厅

杭州中心，浙江

项目名称	杭州中心
项目地点	浙江，杭州
规划设计	美国GP建筑事务所、香港Lead8建筑事务所
建筑设计	美国GP建筑事务所、香港Lead8建筑事务所
总包单位	上海建工集团
占地面积	约2.3万㎡
总建筑面积	约24.1万㎡
开工时间	2018年11月
竣工时间	在建

1. 裙楼入口沿街面效果图
2. 建筑沿街面效果图
3. 建筑立面细部效果图

杭州中心地处杭州拱墅区武林广场核心位置，毗邻京杭大运河，区位优越，交通便利，是地铁1号线、3号线武林广场站地铁上盖综合体，是集四季酒店、万象城购物中心和顶级写字楼为一体的市中心地标性TOD城市综合体项目。杭州中心由绿城、华润、杭州地铁三方联合开发，将为杭州繁荣的武林广场打造一个高端的新兴目的地，并转化该地当前的商业格局，进一步启动武林商圈的商业竞争态势。

山水意型

杭州中心的概念方案设计由Lead8与GP两大国际团队倾力打造，以杭州西湖的山水为灵感，抽象写意，项目挖掘西湖的柔美与优雅人性化的特质，赋予设计更高的寓意内涵，呈现出古典国画的“宝石流霞”“亭台楼阁”“西湖水面”，创造诗意，并具有古典韵味的现代商业综合体场所。

城市会客厅

杭州中心由A、B塔楼加裙楼构成，且充分利用地下空间，下挖6层，最大挖深约34.5m，创杭州商业地产先例。两座塔楼造型简洁又不失优雅大方，设计团队运用简洁的竖向纹理与裙房设计的复杂性和动感形成鲜明对比。裙楼在主立面穿插丰富的体块和城市露台，营造出热闹的商业氛围。A、B两座塔楼主要用于商务办公与商业酒店。A塔初步规划9层以上为写字楼；B塔将引入甲级写字楼与超五星四季酒店。A、B塔之间的裙楼作为万象城购物中心，其中B塔边上的裙楼还将设计成一座有特色的“城市会客厅”，将休闲与娱乐融为一体。

2

3

科创之湾，垂直共享

杭州春树云筑，浙江

项目名称 杭州春树云筑

项目地址 浙江，杭州

建筑设计 浙江绿城设计有限公司

总包单位 杭州建工集团有限责任公司

用地面积 约1.9万m^2

总建筑面积 约9.4万m^2

开工时间 2018年02月

竣工时间 2020年10月

荣誉奖项 纽约设计奖金奖、德国ICONIC标志性设计奖精选奖、ArchDaily中国年度建筑大奖入围、意大利A' Design Award设计奖金奖

1. 建筑立面细部
2. 建筑沿街面
3. 建筑实景

新世代，新构想

春树云筑位于已初见成型中国“硅谷”西湖区紫金港科技城的“核芯”，地处杭州城西科创大走廊的起点。区域内集聚了众多相关人口，将发展成为联系产、学、研的纽带。春树云筑是集合“交互式乐活空间、复合型创意商务、轻潮流开放街区、互联型生活集群”四大业态于一体的LINE生活联合体，是绿城“YOUNG”系列的升级产品。

内外空间的整合

春树云筑顺应基地边缘线，在环形布置的商业裙房之上叠加四栋主楼，并采用收分、退台的手法勾勒了舒展简练的横向肌理。建筑的平面与体量经过收放呈现出整体性，围合出一个相对内向的公园空间。在西南角设置主入口，同时打开若干转角作为园区的通道，构成了南低北高的布局形式。模糊化的实体边界使得中心公园与外部环境相连，既为底层商业集聚人气，也为城市贡献了充满活力的公共活动空间。商业、办公、SOHO等多元业态分别嵌置于单元化的空间模块中，串联成为一座立体的功能系统。

场景切片的联动

建筑采用Low-E玻璃打造了全玻璃幕墙，搭配铝板线条，并通过通透且富层次感的设计，在保障了内部视觉通透与私密性的同时，营造出了不同的空间体验。不论是商业中庭的大台阶，还是高层内部的小型中庭，都营造了高品质的公共空间将促成园区内人们的休闲、社交。对于环境的营造，主要采取首层架空方式，预留灰空间作为庭院绿化的延展，并逐级叠退设置有景观平台。漫步其间，封闭隔离的空间感被消散，取而代之的是步移景异的放松感受。

2

3

智能融汇，未来之芯

宁波智造港 · 芯创园 / 芯创中心，浙江

项目名称 宁波智造港 · 芯创园 / 芯创中心

项目地址 浙江，宁波

建筑设计 大象建筑设计有限公司

总包单位 宁波市建设集团股份有限公司、宁波建工工程集团有限公司

用地面积 约19.7万m^2

总建筑面积 约42.9万m^2

开工时间 芯创园，2021年02月；芯创中心，2021年10月

竣工时间 在建

1

宁波智造港位于高新区东南，随着“甬江科创大走廊”“大城智造”的宏伟蓝图逐渐展开，智慧资源、高新产业正不断汇聚于此。绿城与高新区管委会联袂打造宁波智造港 · 芯创园（一期）、芯创中心（二期）。其中芯创园作为绿城的第一个工业项目，具有拓展品类、丰富谱系的意义。

智造园区升级，多维功能融合

芯创园、芯创中心突破传统产业园区配套单一的模式，汇集智能厂房、研发中心、中轴公园、创客社区、人才公寓、商业配套等业态类型，实现“人城境业”的多维融合，打造一个有温度、有情怀、低密度的产业园区。智能厂房兼顾生产、中试、研发等多种功能需求，以超前理念打造未来感、科技感建筑，推动着产业的创新和升级。目前园区的建设正在如火如荼的进行中。

服务生产物流，展示科技感

在空间规划中，趋向新兴产业企业的真实需求，打造独栋、双拼围合而成的组团产品，实现多元空间的自由组合。采用标准柱网系统，模块化核心筒单元，可分可合的平面，适应多种功能模块。同时采用智能化物流管理系统，提高物流效率。

在园区建筑风格上，融合了宁波“水”的波浪形元素、“芯片”的流线型链接和交错，并辅以圆弧线条，打造超强科技感，赋予组团标志性。

1. 施工中园区，拍摄于 2022 年 07 月
2. 建筑沿街面

代建开发

从2005年首次介入杭州市江干区城中村改造，到2010年组建绿城房产建设管理有限公司，再到2020年“中国代建第一股”在香港联交所主板成功上市，绿城管理作为绿城“轻重并举”战略的重要组成部分，一路走来，掷地有声。截至2021年12月31日，已在全国101座城市落地345个项目，总建筑面积合约8 470万m^2，稳居中国代建“龙头”身位。

绿城做代建开发，尤其是为政府代建保障房，更多的考虑是为了回报社会、服务广大民众。绿城以商品房的标准营造保障房产品，将绿城的品质特征注入所有代建项目，为更多人造更多好房子。除了以杭州富阳望钰和府、杭州海潮雅园、义乌曲江风荷为代表的保障房，绿城管理还承接了如杭州奥体实验小学等大量政府公建类项目。这些项目的落地是绿城践行企业社会责任的体现，也是人文情怀的外化体现。同时，绿城管理的商业代建业务及其他服务业务板块也有长足发展，海口桃李春风、珠海翠湖香山国际花园等便是具有代表性的佳作。

绿城管理传承绿城品质基因，用绿城标准化、多层次的产品体系为绿城M品牌赋能，形成强大的市场竞争力；用绿城的精工匠心、精致完美为更多的业主创造了美好生活。

为更多的人造更多的好房子

为更多的人造更多的好房子

近年来，在传统房地产行业增长空间持续放缓的形势下，行业分化与竞争日益加剧，房地产趋向专业化，房地产代建成为了一个发展趋势。

绿城在2005年首次介入杭州市江干区城中村改造，于2010年组建绿城房产建设管理有限公司，前瞻性地布局了代建业务。作为中国房地产轻资产开发模式的先行者、引领者，绿城管理于2020年7月在香港联交所主板成功上市，成为中国代建第一股，稳居中国代建“龙头”身位。

输出“浙江经验”

安居，一直是老百姓最朴素也最真切的向往。作为代建行业的领头羊，绿城一直致力于为“让更多人住上好房子”。

党的十八大以来，我国累计建设各类保障性住房和棚改安置住房8 000多万套，住房发展取得巨大成就，建成了世界上最大的住房保障体系。随着政府类代建业务的规模效应及政策红利影响，绿城管理秉持“为更多人造更多好房子”初心，累计政府代建项目交付面积超2 800万m^2，改善了近20万居民的居住环境。绿城管理已形成了一套成熟的政府代建模式，秉持以品质和产品为核心，发挥代建赛道的先发优势和规模优势，开拓了全过程代建管理、全过程代建开发、“代建 +”等诸多服务模式，陆续打造一批提升城市面貌的“最美保障房”，如杭州海潮雅园、缙云西桥世家、金华金都美苑及近期的杭州富阳望钰和府等。这种依托房企代建提升安置保障房品质的“杭州模式”，近年来也得到许多其他省市的关注，四川、安徽、广东、海南等地的相关部门先后到杭州调研安置房案例，为代建模式在全国的推广提供了借鉴。

积极参与保障房的建设，通过代建服务方式解决各地政府保障房建设中的难点，不仅是绿城管理开拓市场、自我发展的需要，更是践行党中央“共同富裕”目标的社会责任感。

丰富代建内涵

随着需求的变化和政策的调整，“政府代建”的内涵也越来越丰富。绿城管理正根据各地政府需求及政府投资项目差异化情况，以代建管理为核心，着力推进“代建+”服务模式，推进全产业覆盖，从相对单一的政府代建走向内涵更加丰富的代建服务。

比如，在城市化进程相对较快的区域，政府虽然对保障房的需求会逐渐减少，但却对诸如幼儿园、小学、医院等公建提出了更高的要求。绿城管理已代建了以设计创新著称的杭州市奥体实验小学等多所学校，同时产品类型越发多元。

1. 杭州奥体实验小学

在乡村振兴的大背景下，绿城管理不忘公益初心，启动了“乡村校园公益改建计划”，为偏远地区乡村教育事业做出了贡献。在深入了解当地情况后，绿城管理把原来乡里或者村里一些条件相对较差的小学进行合并、重建或翻新校舍，把学校建成当地“条件最好的地方”，强化家庭和社会对教育的重视，让乡村寄宿学校儿童也能健康学习、快乐成长。

同时，绿城管理也积极承接各类商业代建项目，在全国各地生根开花，多个项目优良呈现，给业主交上了满意的答卷。

推进全产业链覆盖

作为代建行业的领头羊，绿城管理的着眼点已经不再只是规模的扩张。基于代建业务更广阔的地域、更多元的业主群体，以及不同委托方的定制化需求，绿城管理持续进行产品创新，近两年来在绿城产品谱系基础上形成了三大品类、七大风格、一个社区底盘的创新成果；并提炼出“代建4.0”柔性代建体系的宏观指导思想和“绿星标准”的体系化范本，将创新产品标准化，达到可被应用、易于复制、便于推广的效果，在保证产品品质的基础上，创造更大价值。近年，绿城管理商业代建板块也有很多优秀的项目，如珠海翠湖香山、海口桃李春风等。珠海翠湖香山一经推出便畅销市场，2015—2017年连续三年创造了“超20亿元”的销售业绩，2018年年底累计销售金额突破百亿元。该项目不仅在销售上可圈可点，而且产品品质也得到业内认可，近期建成的玉兰苑荣获2021中国土木工程詹天佑奖优秀住宅小区金奖。

绿城提供了包括项目整体规划及产品定位、销售及市场推广管理、提供客户及物业保养服务等多项内容，将绿城的项目管理能力和品牌输出相结合，最大化实现品牌效应。

品质至上，是绿城管理不变的初心；责任担当，是绿城管理执着的坚守。未来，绿城将一如既往，通过积极且专业的代建服务，以高品质标准引领时代，赋新城市未来，成为优质资源的整合者、美好生活的营造者、城市文明的传播者，为社会更美好、城乡更繁荣而不懈努力。

童心放飞处，未来新校园

杭州奥体实验小学，浙江

项目名称	杭州市奥体实验小学
项目地点	浙江，杭州
建筑设计	浙江大学建筑设计研究院有限公司
总包单位	杭州兴耀建设集团有限公司
用地面积	约5.3万m^2
总建筑面积	约9.4万m^2
开工时间	2018年03月
竣工时间	2020年05月
荣誉奖项	浙江省勘察设计行业优秀成果建筑工程设计类二等奖、杭州市勘察设计行业优秀成果奖建筑类二等奖、杭州市勘察设计行业优秀成果奖综合工程类二等奖、杭州市勘察设计行业优秀成果奖风景园林类三等奖

1. 学习中心鸟瞰

杭州市奥体实验小学及幼儿园位于2022年亚运会主场馆“莲花碗”和杭州机场入城门户西兴大桥旁。小学共有54个班级，幼儿园共有12个班级，以“交互动态、社区共享”为学校设计理念，探索出一座以教学为中心，以成长为纽带，实现家校通力合作，助力孩子茁壮成长的社区型校园。其不仅是绿城管理探索未来校园的作品，也是传统教育迎来全新理念的开端。

放飞身心的场所

本设计着眼周边整体城市环境，将运动场置于项目中心，采取校园建筑围绕运动场布置的整体布局，把运动场作为学校学习空间构成中的重要一环。从运动场、大台阶、架空平台到内庭院，再到屋顶阁楼活动平台，以及周边的高层建筑，层层推进，形成高低错落有致的空间态势。室外阶梯式的多层级活动平台为学生创造了别样的室外交往场所；在核心教学区的屋顶，设计则为孩子打造了半室外坡顶阁楼及露天植物园。孩子可以在此眺望、读书、玩耍，感受时间交替、观察四季变化，留下难忘的童年少年回忆。无缝切换的室内外空间，为学生创造一个身心自由健康生长的场所。

2. 校园内实景

2

2
3
4
5

3. 学习中心与运动场
4. 学习中心五层室内阁楼

教学创新的环境

学习教学中心打造了报告厅、展览厅、讨论室、小型演讲厅、专业教室等适应多种教学模式的教学空间。各类教学室内空间与庭院相互融合，营造出充满乐趣的学习环境。流动的平面布局中，结合灵活多样的家具布置，使教学与交往空间不再传统刻板，适合未来教育的发展趋势。

摆脱高低学龄分隔的传统布局，实现混龄化教学，促进不同年级学生之间相互交流，共同成长。拓宽的走廊取代了传统功能单一的走廊，复合了交通、学习、交谈、储物和信息展示等多种功能。教育理念同建筑设计的深度结合，为学校实现小班化、合班化、混龄化等不同教育新模式创造了各种可能。

亮丽独特的标识

建筑形体设计，通过底部白色基座，将行政中心、教学中心、生活运动中心串联起来。上部主要教学区域采用暖色调的仿木蜂窝铝板，镶嵌在白色的共享区基座之上，形体穿插咬合。不同颜色的建筑形体体现不同的使用功能，形式与功能高度统一，为该区域相对灰白的建筑主色调带来一抹明亮的色彩。

建筑设计采用大量的架空、穿插、重叠、错落的手法，将学校各个区域和功能空间有机地连接起来。主要教学区顶层采用了富有文化气息的坡顶建筑形式。坡屋顶在利用自身造型有效阻隔高架噪声、保证核心教学区安静的同时，也创造了优美的第五立面，使市民在高架及周边高层建筑上感受富有特色的校园形象。而富有传统文化特色的山墙面，更是独有的建筑形式，不仅增加了学校的辨识度，也是奥体板块内一道亮丽的风景线。

和谐安居，圆梦生活

杭州富阳望钰和府，浙江

项目名称 杭州富阳望钰和府

项目地点 浙江，杭州

建筑设计 杭州九米建筑设计有限公司

总包单位 上海建工集团股份有限公司、中天建设集团有限公司

用地面积 约14.6万m^2

总建筑面积 约53.0万m^2

开工时间 2018年07月

竣工时间 2021年09月

荣誉奖项 杭州市最美工地、杭州市最美安置房、浙江省海绵城市示范项目、富阳根治无欠薪示范项目、富阳区质量安全文明大比武连续第一、杭州市建设工程“西湖杯”结构优质奖

坚持以人为本构筑和谐安居

杭州富阳秦望区块搬迁安置房，旨在打造安置房标杆项目，为搬迁户营造一个高品质的新型社区。绿城管理集团一直致力于“为更多的人造更多的好房子”，将建造商品房时采用的设计标准和生产品控，融入安置房建造的整个过程，实现合同约定的质量、进度、投资预算控制等目标，做出了一系列现象级高品质政府代建项目产品。从方案设计到项目交付，大到外立面、景观，小到楼梯、扶手，每一处细节都由具有丰富建设经验的管理团队进行优化。

走进杭州“最美安置房”

望钰和府安置房小区位于杭州市富阳区民康街西段，周边交通、教育、医疗、商业、休闲等配套设施齐全，基本形成15分钟社区生活圈。小区占地约219亩，建有房屋27栋，整体规划布局中轴对称，立面风格是经典桂语系，线脚简洁、现代，外立面材料颜色为浅色调，颜值颇高。项目参照绿城商品房标准设计、建设，小区实行人车分离，中央有大草坪。楼层最高29层、最低18层，每一栋都一楼架空，一二层为石材干挂，三层及以上为水包水多彩涂料。楼与楼之间前后间距较大，最窄为63m，最宽为85m，视野开阔。

整个小区停车位总量达3 745个，配置比例为1：1.32，超过一般商品房小区的车位配置比例，并配建一个办学规模12个班的现代化幼儿园。同时，各个区块都配套有物业办公、物业经营、养老设施等公共用房，以及儿童活动场地等设施。为保障居民的基本生活需求，商业业态设置面积约为31 835m^2。

1. 中央花园与建筑立面
2. 园区内实景
3. 建筑立面

1

2

3

山水岭南，诗意人家

珠海翠湖香山国际花园，广东

项目名称 珠海翠湖香山国际花园

项目地点 广东，珠海

规划设计 浙江绿城设计有限公司

建筑设计 浙江绿城设计有限公司、大象建筑设计有限公司

总包单位 建粤建设集团股份有限公司

用地面积 约78.8万m^2

总建筑面积 约129.1万m^2

开工时间 2014年06月

竣工时间 桃花源，2020年11月

荣誉奖项 中国土木工程詹天佑奖优秀住宅小区金奖（玉兰苑）

1. 高尔夫球场远眺珠海翠湖香山国际花园视角

主城文脉，氤氲千年的沉淀

珠海翠湖香山国际花园位于唐家湾片区，紧靠海岸线，与深圳隔海相望。不仅交通便捷，还被万亩凤凰山脉三面环绕，自然资源得天独厚。整个项目以国际高尔夫别墅住区为定位，分五个地块分批开发，并以大格局、全配套的城市综合体业态，受到众多都市青年的青睐。

繁华之上的一方桃源

返璞见美景，悦享真生活。住在翠湖香山，球道、沙坑、树林、山麓尽在眼间，大自然成为居住空间的延伸。项目的建筑规划亦旨在消弭人与自然间的隔阂，通过当代审美语境，传达回归自然的心意。建筑立面通过极致的窗墙比，借助大量落地玻璃搭配金属边框，让建筑在起承转合之间更为轻盈与灵动。从室内向外眺望，便可将窗外的山景尽收眼底，进而重新构建起人与自然的关系。

智慧宜居的生态空间

园区内部，规划以“景观渗透、和谐人居、智慧住宅”的理念贯穿始终，通过巧妙的规划布局，完全实现了人车分流，并营造出“大园区、小组团”的庭院聚落空间。整个园区涵盖丰富的住宅形态，包含有独栋别墅、联排合院、多层别苑，以及高层住宅，可以满足不同人群的居住需求。

以匠心构筑惬意生活

建造上，项目传承了绿城高端住宅的匠造品级设计和工艺，将规划、建筑、景观和室内四大专业技法融合于整体营造，结合灯光、弱电等智能化系统的辅助设计，并在科技创新和科技应用方面加以突破创新。2020年交付的桃花源受到客户的认可。于此同时，翠湖香山国际花园玉兰苑荣获2021中国土木工程詹天佑奖优秀住宅小区金奖。

海阔天空，桃李院墅

海口桃李春风，海南

项目名称 海口桃李春风

项目地点 海南，海口

建筑设计 杭州均正建筑设计有限公司

总包单位 海南第四建设工程有限公司

用地面积 约60.5万㎡

总建筑面积 约52.1万㎡

开工时间 2016年03月（绿城管理进入）

竣工时间 二期·风禾里，2020年8月14日；
桃源里，2020年8月14日；
陶然里，在建

在海南自贸港建设的当下，坐落于时代热土江东新区旁的桃李春风，位于海口市琼山区云龙产业园，毗邻南渡江河与陶公山麓，整个社区规划为休闲度假小镇。社区景观布局以湖、湾水系为核心，打造了300亩自然集中式园林，全方位诠释“桃李院墅，国人梦乡”的理想生活。

创新研发，因地制宜

海口桃李春风结合旅居定位，进行产品创新，在建筑设计上，为完美呈现中式韵味与江南风雅，建筑外观的用料用材，大都源自江浙地区，从屋瓦、发戗、木椽到门窗等部件细节，都极好地传承了中式的纯正味道。同时基于海岛气候湿度大、日照长、降雨量大的客观条件，在中式屋面、外墙、装饰、门窗、庭院五个层面不断创新，在抗风、耐候等方面进行系统设计优化，创新使用铝合金替代木作的建筑工艺。在园林景观上融合江南园林和岭南园林的特色，实现与海南自然景观融合的效果。

形与韵，皆需传承

风禾里组团延续传统中式合院产品，以中心景观区为核心轴线，两侧展开，铺就归家之路的仪式感，以三进式院落打造中心景观区。建筑设计传承了绿城中式院子户型精髓，通过室内外空间的融合和对室外空间的合理利用，增加门、窗的占比，呈现出更加通透、更加开阔的空间感，提高了居住使用时的精细度与舒适度。二楼与隔壁相邻处，加高的围墙，可使与其相邻的庭院，各自拥有着极高的私密性。

低层中式空墅

之后，陶然里组团在产品上做了进一步升级和探索，组团分为空中院墅和幕景洋房两类产品，将东西方建筑美学巧妙融合，营造国风雅韵与素雅极简并重的视觉观感。空中院墅以土地资源的可持续发展为前提思考，为了突破层数限制、提升容积率、满足墅居生活感受，遂采用“退台”形式，将层数锁定在3+1层，用错落的布局，保持院落的完整感，并设计了独立入户，形成了全新的产品建筑形态，为海南铺展江南院墅的婉转与诗意。

1. 陶然里示范区建筑立面

城市活力

运动，是一座城市永葆青春与活力的秘诀，更成为城市面貌和精神的最好呈现。绿城，中国迄今为止四届全运村的指定营造者，凭借“更高的品质，更快的效率，更强的团队”，成为运动主题物业的营造专家，并成为杭州亚运村的承建方和赛事服务方之一，营造美丽建筑、探索未来生活。

近两年，绿城的作品以西安全运村和杭州亚运村为代表，并基于以往的经验总结做了进一步提升。西安全运村联动城市资源，打造全运文化社区、青年社区、中央社区、颐养社区、小镇中心等多种社区类型，覆盖多龄层需求，引领西安理想生活方式。杭州亚运村则以整合建筑、景观的全方位城市设计为核心，为新时代发展绘制蓝图，致力于实现自然、生活和文化之间的连接。

“绿城的企业精神，要与运动精神无限趋近。”绿城运动系列产品，不仅为城市留下了一道美丽的天际线，更将一座城市的青春活力与运动基因，与绿城的美丽建筑和生活美学融会贯通，成为城市美好生活的载体和城市精神文化的象征。

结合赛事服务，融入运动精神，打造理想生活样板

运动，让城市更美好

作为国内水平最高、规模最大的综合性运动会，每届全运会总会掀起一股全民运动的热潮。全运会的精神内涵与口号是“更高、更 快、更强"，赛场上比拼的是运动员的速度、力量与技巧。而幕后，则是所有参与者的比赛。

绿城凭借“更高的品质，更快的效率，更强的团队”，在这场比赛中脱颖而出，成为迄今为止四届全运村的指定营造者。绿城的品牌理念和品牌实力，以及对“运动精神”的执着和“全运情结”，使得全运村模式成为可复制的产品IP，让运动活力真正涌入一座城市的脉络之中。

运动精神构筑活力之城

绿城先后参与了济南、沈阳、天津、西安四届全运村的开发，同时也竞标获得了杭州亚运村的开发建设权。可以说，每一座全运村（乃至亚运村）都承载了城市升级的理想和雄心。绿城的运动系列，集文化、生态、商业、教育、医疗等优势资源于一体，同时还将运动精神贯彻融入社区与建筑的营建之中，打造运动、时尚的城市理想生活样本，为主办城市留下一份高质量的赛会遗产。

绿城2009年圆满交付的济南全运村被公众誉为“中国全运第一村”，推动了泉城人居标准的加速提升；2013年，沈阳全运村助力浑南新区崛起，成为城市新中心；2017年，天津全运村为天津城市生活带来了运动、澎湃、向上生长的力量；2021年，西安全运村成为西安最具特色的国际、健康、活力社区，承载了西安的国际化梦想；2022年，绿城参与承建的杭州亚运村，为城市注入了青春活力，留下了美丽的天际线……

自2008年起，绿城开启了运动系列之路。全运村的规划、设计、开发、运营和赛事服务，集中展现了绿城的价值理念、产品精髓、独特气质和核心优势。绿城的运动系列产品作为每座城市体育盛事的重要配套，择址于城市新区的核心地区。因而可以说，绿城的运动系列产品构建了全能便捷生活圈，为新区建设做出了贡献，有力地推动了城市化进程，全运村所在地均已成为所在城市靓丽的风景线和全运村经济发展带，并融为城市居民的美好生活核心园区。

绿城运动系列产品，将一座城市的青春活力和运动基因，与绿城的美丽建筑和生活美学融会贯通，成为城市美好生活的载体和城市精神文化的象征。

一届全运会升级一个座城

全运村的总体策划从城市的整体结构出发，将路网结构、功能布局、生态系统等与城市已有系统进行充分地衔接，使社区与城市融为一体，强调社区的城市属性，由此顺应并促进城市的发展。

1. 杭州亚运村

规划设计上，全运村采用了街区式的整体开发结构，以营造尺度适宜的街坊，使社区与城市之间形成更加开放互动的紧密联系，同时将运动理念注入其中，打造运动网络和运动空间，联动城市配套资源和社区生活配套，打造“全民运动，健康生活”的全能生活圈。同时，全运村还强调功能的复合型开发，物业类型丰富，住宅产品涵盖高层、小高层、多层、别墅、社区商业及酒店式公寓等，将居住、商业、娱乐、文化、教育等各项功能加以有机混合，使其在赛事过后可以逐渐成长为一个多元综合、方便高效、充满活力和吸引力的城市社区。

从全运迈入亚运

绿城在不断书写有关全运村的精彩故事，当杭州步入亚运时代，绿城如约而至。

2018年5月，杭州亚运村项目方案竞标结果公布，绿城从激烈的竞争中脱颖而出，最终获得运动员1号村地块的开发和媒体村的代建任务。这是绿城在运动系列产品中取得的又一次飞跃，也成为绿城迈入发展新阶段的重要标志。

作为绿城的“一号项目”，亚运村项目肩负打造绿城品质新标杆的重大历史使命。2022年1月20日，经过1300多个日夜的辛劳，杭州2022年第19届亚运会亚运村全面竣工，绿城承建的运动员1号村和媒体村完成营建使命。在“首席产品官”宋卫平和“首席规划师”张亚东的强强联手下，当年那一车重达1吨的标书和对未来生活的畅想，正逐步从蓝图变为现实。

作为杭州亚运村的承建方和赛事服务方之一，绿城有幸参与其中，营造美丽建筑、探索未来生活。秉持亚运精神，绿城期待与全世界一起见证盛会的精彩纷呈与城市的向上生长。

相约桂冠东方，共创杭州未来

杭州亚运村，浙江

项目名称	2022年第19届亚运会媒体村
项目地点	浙江，杭州
规划设计	SOM建筑设计事务所
建筑设计	浙江绿城建筑设计有限公司
总包单位	浙江省建工集团有限责任公司、浙江坤兴建设有限公司、浙江振丰建设有限公司
用地面积	约19.6万 m^2
总建筑面积	约65.9万m^2
开工时间	2018年05月
竣工时间	2021年12 月

项目名称	2022年第19届亚运会运动员村1号地块
项目地点	浙江，杭州
规划设计	SOM建筑设计事务所
建筑设计	浙江绿城建筑设计有限公司
总包单位	浙江耀华建设集团有限公司、中建三局集团有限公司、浙江钜元建设集团有限公司
用地面积	约16.9万m^2
总建筑面积	约56.8万m^2
开工时间	2018年05月
竣工时间	2021年12 月

城市东扩，旅游西进，沿江开发，跨江发展。

杭州以钱塘江为主轴，向东奔涌。

以专家之名，获“营造特权”

亚运村建设，是杭州2022年第19届亚运会筹办的核心配套项目之一，是成功举办各项亚运赛事的重要保障，也是实施拥江发展战略的重要内容。

2018年年初，杭州亚运会选址于钱塘江南岸，处于沿江地区城市新中心，项目规划总用地面积1.13km^2，由运动员村、技术官员村、媒体村、国际区和公共服务区组成。

在此之前，绿城已经承建了济南、沈阳、天津和西安四个全运村，以十余年的开发经验和始终如一的品质口碑，夯实了国内大型运动赛事配套建设运营专家的特殊地位。当亚运来到杭州时，绿城又一次义无反顾地承担起建设重任，希望为家乡打造一个“有史以来最好的亚运村”，用更高水平的作品致敬更高规格的赛事。

以品质情怀，立“一号项目”

获取亚运村的营造权，不仅是绿城的夙愿，也是杭州的期待。所以，绿城凭借实力和对这座城市深刻的理解，成功中标了其中2个项目——运动员1号村和媒体村。为确保项目高效落地，亚运村项目在绿城内部地位非比寻常，被称为集团的“一号项目”。绿城创始人宋卫平和董事会主席张亚东是项目的灵魂人物，前者是“首席产品官”，后者是“首席规划师”，两人强强联手，既抓微观、又把宏观，既盯细节、又控全盘，共同把项目推到了新高度。项目不仅由集团直管，团队还由打造过凤起潮鸣、柳岸晓风、江南里、桃花源等经典作品的精英设计师组成。同时，绿城邀请了世界顶尖的SOM建筑

1. 杭州亚运村建设与周边关系鸟瞰

1

2

3

2. 运动员 1 号村园区内实景
3. 媒体村人才公寓沿街面
4. 园区内实景

事务所共同参与，从零出发，重新定义全村四大板块的格局，探讨每个地块的规划结构和彼此间的关系，为后续绿城方案拓展了空间。

以“六品”指针，筑“浙江窗口”

亚运村作为浙江乃至中国的“重要窗口”和标志性工程，承担着赛时服务和赛后生活的双重使命。作为承建方和服务方之一，绿城以“绿色、智能、节俭、文明”的办赛理念为指引，紧紧围绕“六品绿城”（品相、品质、品位、品牌、品行、品格）方针，全力打造兼具国际视野和杭州韵味的社区。

在规划理念上，绿城以表达“国际的、江南的、杭州的”城市美学为基调，遵循“先谋城”的整体思路，注重三村四地块的联动效果，以“一环、二轴、三公园”方式布局，通过中心公园与围合式院落组团的高低错落，照映出完整有序的城市天际轮廓。

运动员1号村建筑立面以兰园和凤起潮鸣两大经典项目的设计理念为设计基底，以铝板为主、辅以局部石材，并搭配灰蓝色系的玻璃门窗。景观营造则汲取了江南街巷的精髓，以“茶、丝、瓷、曲、印、扇”等“杭州印象”为主题，构建多个院落空间。两者风格的融合，让我们看到了西式与中式、过去与未来、古朴与现代交相辉映，大放异彩。与此同时，绿城还积极响应国家号召、贯彻“绿色环保”理念，按照绿色建筑的三星级要求，助力整个亚运村绿色生态城区二星级落地。

将运动精神融入品质生活

亚运村对绿城的意义已远超过一个项目，赛事运营期间，面对来自全亚洲近2万人进入杭州生活时段，绿城萃取四届全运村的赛事生活保障服务经验，以“运动、国际、安全、科技、共治”五个维度为轴心，细致铺排杭州服务”，融入“亚洲风格”，为赛事大前方构筑美好“心”服务。绿城坚持永不言弃的体育精神和如沐春风的人文关怀，为赛事提供支持、为城市创造美好。而在营造亚运村的过程中，绿城同样是秉持着对运动、对生活、对城市的热爱，将健康的生活理念融入产品细节，倡导身心自在、生活文明、精神自由的生活方式。

以运动精神，谱写长安华章

西安全运村，陕西

项目名称　西安全运村

项目地点　陕西，西安

规划设计　上海登龙云合建筑设计有限公司

建筑设计　浙江绿城建筑设计有限公司、浙江绿城建筑规划设计管理有限公司

总包单位　陕西建工集团股份有限公司、中国建筑一局（集团）有限公司、中交二公局第五工程有限公司

用地面积　约48.1万㎡

总建筑面积　约158.6万㎡

开工时间　2018年08月

竣工时间　芳菲郡、采薇苑，2020年12月；
甘棠苑，2021年06月；
子钤苑，2021年07月；
木兰郡，在建

1

1. 西安全运村与灞河
2. 园区实景

2015年12月29日，国务院办公厅发函同意陕西省承办2021年第十四届全国运动会，陕西省成为中西部第一个承办全运会省份，绿城成为西安全运村的建设单位。这也是绿城成立20多年来倾力打造的第四座全运村，继承了过往的绿城全运村开发经验，形成了自己的规划设计特色，向第十四届全国运动会交出了一份完美答卷。

高起点规划高标准设计

西安全运村采用高起点规划，高标准设计，以打造成为“一座全民健康生活之城”为整体定位，共分5期开发。其中，2、3期作为第十四届全运会运动员村、媒体记者村和技术官员村使用，5期的小镇中心作为运动会村村委会使用，其余地块则在全运会闭幕后陆续开发。全运村的打造遵循大盘规划、设计、管控、开发的逻辑，即策划、规划先行，充分考虑开发时序与人口构成，复合多种业态，以覆盖全龄段需求，打造引领西安生活方式的理想人居范本。项目开发规模庞大，又涉及多个地块，因此规划需要兼顾各个地块之间的关联性。项目最终采用了多地块联合开发的模式，并综合考虑整体的商业配套布置，结合城市设计、街道空间的设计原理，形成连续、有活力的城市空间界面。

3

4

5

3. 建筑立面
4. 赛事期间入住的运动员
5. 赛事期间的室内
6. 园区内实景

规划上，项目采用街区式的整体开发结构，营造尺度适宜的街坊，使社区与城市之间形成更加开放互动的紧密联系，同时将运动理念注入其中，打造运动网络和运动空间，联动城市配套资源和社区生活配套，打造“全民运动，健康生活”的全能生活圈。

匠心式建造经典式呈现

在空间规划与建筑布局方面，设计尤其注重平面布局和竖向轮廓上的整体性和差异性，通过密度和天际形态的变化，创造了丰富的社区空间和竖向形态。轴线式的布局，勾勒出“主轴空间工整，中心感明确，组团放松”的格局，形成邻里活动的公共空间、半私密的停留休憩空间、美观实用的口袋空间等组合形式。

在建筑品质把控上，绿城从第一视觉印象着手，建筑造型设计采用了典雅、现代的设计手法。雅致的石材色系贴合现代气息，蓝灰色系玻璃幕墙轻盈深邃。通过和谐的比例、丰富的细节，营造出具有高格调的建筑形象。为了完美品质，外墙立面经过几十次的打样对比，从石材、涂料的材质和颜色，再到玻璃透光率和反射率参数对比。作为创新立面，绿城坚持样板墙先行，只有样板成功后，才能大区全面施工。在审美和工艺上的反复推敲，是绿城建筑得以成名的真正基石。

7

空间场景的设置，则建立在对社交、亲子、运动、修心、养生等户外活动需求的分析之上，更好地为多年龄层次服务，满足不同人群的需要，打造“全龄乐活系统”。项目更结合全运会主题，在社区中配套有丰富多彩的运动形式与运动空间，包括慢跑道与步行系统，唤起居住者对运动的热爱，以现代人的生活运动方式，呈现体育文化的繁盛……

全维度配套高品质服务

作为中国国内水平最高、规模最大、影响最为广泛的综合性运动会，第十四届全国运动会于2021年9月15日至9月27日在西安举办。比赛期间，共有12 000余名运动员、5 000余名代表团官员、4 200余名技术官员参与比赛，5 300余名组委会、竞委会人员和15 000余名志愿者参与服务保障工作，1 500余名新闻记者参与比赛报道，而国内运动“第一村”——全运村则是整个赛事期间最重要的生活配套与硬件保障设施。整个西安全运村分设运动员村、技术官员村和媒体记者村，是我国全运会史上规模最大、设施最完备的全运村。赛事期间，项目为全运会提供全维服务保障，为入住人员提供住宿、餐饮、商业、医疗、交通等多元化服务；而赛后，继续作为区域内生活配套，提升城市宜居品质。

绿城将西安全运村打造成了西安城市建设的标志，也打造出了一个带动整个城市发展的“全民运动绿色小镇”。

7. 园区内实景

附录　2020—2021年设计与在建项目

APPENDIX: PROJECT LIST

理想人居

杭州云栖桃花源
杭州柳岸晓风
杭州西溪云庐
杭州湖畔澄庐
杭州湖境云庐
杭州晓月澄庐
杭州晓风印月
杭州桂语朝阳
杭州桂语映月
杭州桂语听澜
杭州春风金沙
杭州湖上春风
杭州春月锦庐
杭州春来枫华
杭州春来雅庭
杭州春来晓园
杭州云栖燕庐
杭州山澜桂语
杭州江河鸣翠
杭州江畔锦园
杭州江上臻园
杭州沐春明月
杭州潮听明月
杭州桃李湖滨
杭州翡翠城
杭州咏荷郡
杭州沁桂轩
杭州和庐
杭州沁园
杭州月映星语园
杭州滨江襄七房地块
杭州萧山市北46地块
杭州江上桂语新月里
杭州余杭未来科技城 YH02-1-06-1地块

丽水桂语兰庭
永康桂语云溪
永康桂语听澜
永康柳岸晓风
金华春熙明月
金华翠湖晓园
金华沁园
桐乡凤栖春澜
义乌兰园
义乌桃花源
义乌晓风印月
义乌桂语兰庭
临海桂语江南
临安曼陀花园
嘉兴留香园
衢州兰园
衢州凤栖云庐
德清晓园
德清宸园
德清凤栖云庐
德清凤栖桃源
德清晓月澄庐
德清工大诚园
宁波云栖桃花源
宁波凤起潮鸣
宁波柳岸晓风
宁波晓风印月
宁波新桂沁澜
宁波凤麓和鸣
宁波春熙月明
宁波春来云潮
宁波春来晓园
宁波春熙云境
宁波春熙潮鸣
宁波春月金沙

宁波春月江澜
宁波春月云锦
宁波春语云树
宁波春语文澜
宁波滨河沁月
宁波滨河鸣翠
宁波杨柳郡
宁波咏兰郡
宁波芳菲郡
奉化锦上月鸣
奉化桂语映月
奉化朝华郡
奉化旭阳郡
余姚春澜璟园
余姚桂语兰庭
余姚凤鸣云庐
余姚巧园
象山桂语江南
上海外滩董家渡项目
无锡宸风云庐
无锡桂语云间
扬州凤鸣云庐
扬州凤鸣澄庐
苏州明月滨河
苏州明月江南
徐州明月春晓
如东明月江南
南通桂语江南
徐州诚园
通州湖境和庐
泰州春晓江南
泰州桃李春风
泰州桂语听澜轩
海安桂语听澜
盐城晓风印月

北京沁园
北京西府海棠
北京西山燕庐
北京和锦诚园
北京明月听兰
北京奥海明月
大连湖畔和庐
大连桂语朝阳
大连明月听澜
大连海上明月
大连诚园
大连沁园
大连兰园
天津桃李春风
天津水西云庐
天津柳岸晓风
天津春熙明月
天津桂语朝阳
天津凤起悦鸣
天津诚园
西安绿城和庐
西安桂语云境
西安南山云庐
西安柳岸晓风
西安春风心语
西安桂语兰庭
西安桂语长安
西安春和印月
哈尔滨群力东
济南玉兰花园
济南明月风荷
济南春来晓园
济南春来风华
济南春月锦庐
济南春风心语

济南桂语朝阳
济南诚园
青岛理想之城
青岛文澜锦园
青岛桂语朝阳
青岛和锦诚园
青岛和锦玉园
烟台春熙海棠
郑州湖畔云庐
郑州明月滨河
济宁湖畔云庐
烟台兰园
曲阜诚园守纯苑
新泰玉兰花园
淄博百合花园
武汉凤起乐鸣
武汉凤起听澜
武汉桂语朝阳
武汉湖畔云庐
武汉留香园
武汉诚园
长沙明月江南
长沙南湖项目
长沙梅溪湖中轴项目
成都诚园
成都凤起朝鸣
成都桂语朝阳
彭山湖畔云庐
都江堰明月青城
重庆兰园
重庆春溪云庐
重庆桂语九里
昆明凤起兰庭
新疆留香苑
新疆明月兰庭

新疆理想之城
广州晓风印月
广州桂语映月
广州柳岸晓风
广州三多涌项目
佛山凤起兰庭
佛山桂语兰庭
福州柳岸晓风
福州海棠映月
福州榕心映月
福州文澜明月
深圳桂语兰庭
安阳桂语江南（代建）
安丘田园牧歌（代建）
宝鸡云溪太白（代建）
保定诚园（代建）
保定明月江南（代建）
昌乐玉园（代建）
长清兰园（代建）
长兴桃花源（代建）
长葛绿城百合（代建）
常州江南里（代建）
承德云庐（代建）
承德桃源里（代建）
曹县桂语铂悦（代建）
德州玉园（代建）
德州兰园（代建）
富阳富春玫瑰园（代建）
高密桂语朝阳（代建）
淮北诚园（代建）
亳州玫瑰园（代建）
亳州桐华郡（代建）
杭州南湖明月（代建）
杭州檀影云庐（代建）
邯郸柳岸晓风（代建）

横店桂语江南（代建）
呼和浩特玖悦府（代建）
海东春江明月（代建）
海口药谷人才房项目（代建）
临沂春江明月（代建）
临安国际社区（代建）
建德新安明月（代建）
靖江春江明月（代建）
济南百合花园（代建）
济南海棠印月（代建）
开封春江明月（代建）
庐山桃李春风（代建）
兰州春风燕语（代建）
聊城百合新城（代建）
南通溪上云庐（代建）
南昌桂语江南（代建）
南昌春熙明月（代建）
南通柳岸晓风（代建）
泰兴春江明月（代建）
宁波吉家（代建）
西安桂语江南（代建）
陕西商洛嘉园国际城（代建）
青岛明月听澜（代建）
庆云百合花园（代建）
齐河百合新城（代建）
千岛湖桂语江南（代建）
瑞安桂语榕庭（代建）
任丘诚园（代建）
嵊州云庐（代建）
石家庄诚园（代建）
石家庄御河上院（代建）
石家庄西山燕庐（代建）
上海江南春邑（代建）
宿迁湖滨四季（代建）
商洛春江明月（代建）

单县理想之城（代建）
天伦桂语兰庭（代建）
太原官山源著（代建）
潍坊桃园里（代建）
邢台兰园（代建）
邢台诚园（代建）
西安玉园（代建）
西宁桃李春风（代建）
咸阳桂语江南（代建）
咸阳春江花月（代建）
乌镇兰园（代建）
无锡桃花源（代建）
玉林春江花月（代建）
温州江心明月（代建）
潍坊江南赋（代建）
宜春桃花源（代建）
榆林留香园（代建）
烟台留香园（代建）
烟台桂语江南（代建）
银川桃李江南（代建）
元氏县昊和文体城项目（代建）
枣庄玉兰花园（代建）
郑州桃花源（代建）
郑州柳岸晓风（代建）
中牟忆江南（代建）
周口留香园（代建）
章丘百合花园（代建）
舟山百合花园（代建）

城市更新

- 上海弘安里项目
- 昆明陈家营项目
- 宁波云栖桃花源
- 深圳光明荔园项目

未来社区

- 舟山如心小镇
- 衢州礼贤未来社区
- 衢州鹿鸣未来社区
- 宁波北仑通山未来社区

理想小镇

- 龙坞茶镇
- 安吉桃花源
- 长沙青竹园
- 舟山凌波秋月
- 舟山春来晓园
- 杭州祥符小镇
- 杭州桃源小镇
- 天台莲花小镇
- 成都川菜小镇
- 海南蓝湾小镇
- 德清观云小镇
- 开封龙亭小镇
- 盐城百禾小镇
- 合肥桃李春风
- 宿迁梨园湾小镇
- 大连玫瑰园葡萄酒小镇
- 桐乡濮园（代建）
- 银川桃李春风（代建）
- 扬州春江明月（代建）
- 盐官理想水镇（代建）
- 海口桃李春风（代建）
- 潍坊浞河小镇（代建）
- 淮北中湖明月（代建）
- 东营理想之城（代建）
- 齐河安德湖小镇（代建）
- 长沙高尔夫小镇（代建）
- 贵阳桃源小镇项目（代建）
- 昆山桃源锦绣小镇（代建）
- 珠海翠湖香山国际花园（代建）

TOD/城市综合体

- 杭州中心
- 宁波中心
- 诸暨中心
- 青岛深蓝中心
- 温州鹿城广场
- 杭州杨柳郡
- 宁波杨柳郡
- 佛山杨柳郡
- 哈尔滨杨柳郡
- 台州心海里（代建）
- 深蓝视界广场（代建）
- 台州TOD场站项目（代建）

运动活力

- 杭州亚运村
- 西安全运村
- 沈阳全运村

商用物业

- 北京沁园
- 杭州云澜谷
- 杭州春树云筑
- 杭州湾春来云潮
- 杭州望江写字楼
- 天津桃李春风
- 苏州明月滨河
- 扬州凤鸣云庐
- 宁波凤麓和鸣
- 宁波春语文澜
- 宁波春月江澜
- 宁波凤起潮鸣
- 宁波咏兰郡
- 宁波春月金沙
- 宁波滨河沁月
- 宁波滨河鸣翠
- 宁波春熙云境
- 宁波新桂沁澜
- 宁波芳菲郡
- 宁波智造港
- 宁波北仑凤凰城金融中心
- 象山喜来登酒店
- 诸暨中心希尔顿酒店
- 台州宁江明月喜来登酒店
- 温州鹿城广场丽兹卡尔顿酒店
- 温州桂语江南
- 温州春月江澜
- 奉化锦上月鸣
- 象山桂语江南
- 台州临海桂语江南
- 长沙凤起麓鸣
- 余姚凤鸣云庐
- 济南春来晓园
- 金华望山隐庐
- 武汉湖畔云庐
- 淮北诚园（代建）
- 杭州钱潮湾（代建）
- 杭州三江明月（代建）
- 杭州方氏项目（代建）
- 杭州江澜云境（代建）
- 杭州时代星火城（代建）
- 杭州浙谷深蓝中心（代建）
- 武汉凤鸣桃源（代建）
- 武汉沌口项目（代建）
- 泰兴春江明月（代建）
- 浦江桃源十里（代建）
- 张家口燕语桃源（代建）
- 南通柳岸晓风（代建）
- 三亚海棠潮鸣（代建）
- 徐州上海大厦（代建）
- 朱家尖真如湾（代建）
- 舟山金塘李园酒店（代建）
- 枣庄玉兰花园项目（代建）

公共物业

- 北京沁园
- 北京明月听兰
- 德清工大诚园
- 杭州桂语新月
- 杭州湖畔澄庐
- 杭州桂语映月
- 杭州晓风印月
- 杭州西溪云庐
- 杭州云栖桃花源
- 宁波新桂沁澜
- 宁波滨河鸣翠
- 宁波春熙云镜
- 宁波滨河沁月
- 宁波晓风印月
- 宁波春来晓园
- 义乌桃花源
- 义乌桂语兰庭
- 余姚春澜璟园
- 奉化凤麓和鸣
- 盐城晓风印月
- 徐州和著湖山
- 济南诚园
- 济南明月风荷
- 济南春来晓园
- 济宁湖畔云庐
- 烟台春熙海棠
- 衢州兰园
- 合肥兰园
- 南通沁园
- 武汉桂语朝阳
- 武汉凤起听澜
- 武汉凤起乐鸣
- 武汉湖畔云庐
- 长沙明月江南
- 长沙桂语云峰
- 郑州明月滨河
- 郑州湖畔云庐

保障物业

滨江宝龙东区块项目（代建）
滨江六区块五期项目（代建）
滨江九区块四、五、六期（代建）
滨江学校项目（代建）
滨江江南单元幼儿园（代建）
滨江学校项目（奥体）（代建）
滨江长虹苑三期项目、十二区块三期项目（代建）
大江东义蓬项目(中地块)（代建）
大江东义蓬项目(北地块)（代建）
岱山原技校地块项目（代建）
东山项目（代建）
富阳秦望骨伤科西侧地块项目南区（代建）
富阳秦望骨伤科西侧地块项目北区（代建）
富阳青少年宫北侧地块项目北区（代建）
富阳青少年宫北侧地块项目南区（代建）
富阳银湖项目（代建）
海富村项目（代建）
杭州拱墅区康桥项目（代建）
杭州拱墅半山项目（代建）
杭州拱墅总管堂项目（代建）
杭州拱墅独城项目（代建）
杭州拱墅祥符二期项目（代建）
杭州拱墅七古登东新项目（代建）
杭州拱墅拱宸大关项目（代建）
杭州拱墅半山112地块项目（代建）
杭州拱墅铁路北站项目（代建）
杭州西湖留下项目（代建）
杭州西湖三墩北项目（代建）
杭州西湖梧桐居项目（代建）
杭州西湖双桥塘河项目（代建）
杭州西湖兰里花苑项目（代建）
杭州西湖双桥13地块项目（代建）
杭州滨江明德明理府项目（代建）
杭州萧山新塘项目（代建）
杭州萧山世纪城一苑项目（代建）
杭州萧山世纪城二苑项目（代建）
杭州萧山丰二家园一苑项目（代建）
杭州萧山丰二家园二苑项目（代建）
杭州萧山丰东家园项目（代建）
杭州萧山合丰家园项目（代建）
杭州萧山义桥项目（代建）
杭州萧山裴家里项目（代建）
杭州萧山小南门项目（代建）
杭州萧山耕文路东项目（代建）
杭州萧山耕文路西项目（代建）
杭州萧山瓜沥坎山项目（代建）
杭州萧山井头王项目（代建）
杭州萧山临浦项目（代建）
杭州萧山北干公租房项目（代建）
杭州大江东临江项目（代建）
杭州大江东河庄项目（代建）
杭州大江东新湾EPC项目（代建）
杭州江干兴隆一期项目（代建）
杭州江干科技园08地块项目（代建）
杭州江干科技园09地块项目（代建）
杭州下沙学校项目（代建）
杭州艮北新区项目（代建）
杭州建德大洋镇项目（代建）
杭州临安戚家桥项目（代建）
杭州空港新城二期项目（代建）
杭州江干华元电力项目（代建）
杭州滨江长虹苑二期项目（代建）
嘉兴南湖文昌花苑项目（代建）
嘉兴桐乡庆北项目（代建）
嘉兴嘉善善宏苑二期项目（代建）
金华西郊二期项目（代建）
金华婺城黄金苑项目（代建）
金华多湖四期D地块项目（代建）
金华多湖四期C地块项目（代建）
丽水南城张村项目（代建）
丽水莲都望城岭项目（代建）
丽水南城公寓项目（代建）
丽水莲都联城西项目（代建）
丽水莲都金周北项目（代建）
丽水莲都联城东项目（代建）
丽水龙泉南秦项目（代建）
丽水莲都城西四期项目（代建）
丽水缙云名山项目（代建）
丽水莲都路湾公寓项目（代建）
十区块七期项目（代建）
十三区块四期项目（代建）
台州净土岙项目（代建）
台州椒江大桥东项目（代建）
上饶带湖阳光城项目（代建）
台州仙居木材市场项目（代建）
衢州柯城九华乡项目（代建）
无锡凯发苑小学（代建）
无锡华盛苑二期项目（代建）
武义科技城项目（代建）
温州仙岩项目（代建）
温州南白象项目（代建）
温州瓯海秀屿项目（代建）
温州苍南灵溪项目（代建）
温州鹿城区学校项目（代建）
下沙湿地幼儿园（代建）
永康黄棠城中村改造项目（代建）
原西门车站项目（代建）
义乌湖塘项目（代建）
义乌廿三里项目（代建）
义乌莲都大厦项目（代建）
义乌香溪A2地块项目（代建）
萧山空港三期四期项目（代建）
萧山东湘二期北地块项目（代建）
萧山东湘二期南地块项目（代建）
萧山戴村项目（代建）
萧山杜湖项目（代建）
萧山湖头陈项目（代建）
舟山杜家岭项目（代建）
舟山顺峰家园二期项目（代建）
舟山定海西山西侧路项目（代建）
舟山定海庄家湾项目（代建）
舟山定海蔡家墩项目（代建）
舟山白虎山项目（代建）
舟山定海小洋岙区块（代建）
舟山定海工农路项目（代建）
舟山定海念亩墩项目（代建）
舟山长岗山项目（代建）
舟山定海小洋岙三期四期项目（代建）
舟山普陀棉增项目（代建）
舟山普陀大洞岙项目（代建）
舟山岱山东海项目（代建）
舟山岱山山外项目（代建）
舟山邬家塘项目（代建）
舟山大沙陈家地块（代建）
舟山大沙峙岙塘地块（代建）
舟山城北小学新建项目（代建）
舟山金鸡山二期项目（代建）
舟山竹山门项目（代建）

展望

EXPECTATION

回望2020年与2021年的同时，我们也在展望着未来。绿城寄厚望于时间，坚信长期主义必将胜利。以“六品”为基，“七弦”协奏，坚守产品主义，提升服务能级，推进均衡协调的全品质发展，绿城必将成为最懂客户、最精产品、最会生活的“理想生活综合服务商”。

经过过去几十年的积淀发展，如今的绿城已进入房产行业的第一阵营，正逐渐从“健身期”过渡到“起跑期”。房地产行业就像没有终点的马拉松，绿城要一直跑下去，不仅跑起来，还要姿势好看、步履稳健、配速良好，真正做到全面发展，行稳致远。

未来，在坚守产品品质的同时，绿城还将持之以恒地提升组织品质、队伍品质、经营品质、管理品质，努力成为“全面发展的优等生”。首先，对三大体系进行改革——强化营销体系，激发销售战斗力；优化大客服体系，着力提升客户满意度；夯实风控体系，全方位防范经营风险。其次，持续优化管控架构与管理模式，提升整体经营效果；尊重客户，进一步强化客户导向思维，优化客户研究体系；持续做好产品创新、服务升级。不仅如此，在竞品质导向愈加明晰的背景下，绿城在产品创新与专项课题研究上投入了大量的精力；针对城市不同的地域文化背景，研发设计通过属地化创新，持续提升产品品质，始终保持产品核心竞争力。

敬畏市场，拥抱生活；保持活力，不断改革进取，共同建设幸福生活，这将是绿城高质量发展的主旋律。

路长何惧，大道终致远。

江河悠长，奋楫当笃行。

跋

POSTSCRIPT

中国房地产行业历经三十多年发展，城市和社会变化日新月异，生活的内涵也日趋丰富多元。人们对美好居所的向往推动着绿城产品不断向上向新发展，从最初的住宅，到商业综合体、理想小镇；从建筑审美到住宅科技、智慧社区、未来社区……

我在绿城工作多年，“真诚、善意、精致、完美”八字箴言潜移默化成为我们的工作习惯。做好产品，持续创新，为客户创造价值、为城市创造美丽，是绿城人的使命。

产品年鉴是谱系的延续。此册承载着绿城人在这两年间的探索和感悟，也是绿城创造城市美丽的印记。

未来，绿城将继续高举以客户为中心的产品主义的大旗，致力于成为房产行业品质领先者、代建业务行业领导者、综合业务前瞻创新者，全力打造“理想生活综合服务商”第一品牌，为城市及居民创造更多美丽建筑、美好生活。

图书在版编目（CIP）数据

创造城市的美丽：绿城产品年鉴 . 2020—2021 / 绿城中国编著 . -- 上海：同济大学出版社，2022.10
ISBN 978-7-5765-0398-2

Ⅰ . ①创… Ⅱ . ①绿… Ⅲ . ①建筑企业 - 杭州 - 2020-2021 - 年鉴 Ⅳ . ① F426.9-54

中国版本图书馆 CIP 数据核字 (2022) 第 178062 号

策划、编纂团队
EDITORIAL TEAM

策划研究：支文军　徐　洁
编辑成员：王梦佳　罗之颖
书籍设计：吴偲靓　杨　勇
出版统筹：顾金华

作者&文字统筹
AUTHORSHIP

《生逢其时：随时间而来的智慧》（P3），《更上层楼：望尽天涯路的视野》（P4~05），《绿城产品：与城市共生的脉络》（P6~8），《以人为本：绿城产品的美好基因》（P9），《因时而动：绿城产品的最强大脑》（P10~13），《生活的理想就是理想的生活》（P18~19），《在山水与城市之间，进退自如》（P22~23），作者：张海龙
《从一纸蓝图到人间烟火》，P102~103，作者：史利剑
《站城一体下的青春脉动》，P140~141，作者：徐洁
作品部分，文字统筹：徐晓杭

特别声明
IMPORTANT STATEMENTS

图片图纸版权
CREDITS

精美大图1，精美大图2，P8上，P23~24，P27，P29下，P32~33，P35，P39~41，P58右，P59~63，P111下，P115~116，P124，P148~151，P164~165，P185，P187~189，摄影：奥观建筑视觉 杨光坤；精美大图3，P8右下，P29上，P190，P192上，P193~194，摄影：存在建筑-建筑摄影；精美大图4，P134，摄影：shiromio studio；精美大图5，精美大图7，P8中右，P18，P37，P44，P45上，P106上，P108~109，摄影：是然建筑摄影；精美大图6，P7，P43，P106下，P148，摄影：建筑译者 姚力；精美大图8，P66，摄影：行知影像-李逸；P8左下，P48~49，P191，摄影：gad；P46，P137，摄影：goa大象设计，P67~68，摄影：MZ STUDIOS；P132~133，摄影：BA设计、shiromio studio；P135下，此间建筑摄影；P136~137，摄影：RudyKu；P162~163摄影：姚力视觉工作室；P169~175，提供：浙江大学建筑设计研究院有限公司；P181，摄影：杭州均正建筑设计有限公司。

除上述说明外，本书其余图片均由绿城中国提供。在此，我们感谢所有图片的作者与提供者。

创造城市的美丽——绿城产品年鉴 2020—2021

绿城中国 编著

责任编辑 由爱华　**责任校对** 徐春莲　**装帧设计** 吴偲靓 杨勇
出版发行 同济大学出版社　www.tongjipress.com.cn
（地址：上海市四平路1239号　邮编：200092　电话：021-65985622）
经　销 全国各地新华书店
印　刷 上海雅昌艺术印刷有限公司
开　本 787mm× 1092mm　1/8
印　张 30
字　数 600 000
版　次 2022 年10 月 第 1 版
印　次 2022 年10 月 第 1 次印刷
书　号 ISBN 978-7-5765-0398-2
定　价 328.00元